MW00987492

Edna Lee de Gutiérrez

Norma de Deiros
Astrid de Eustache
Joyce de Wyatt
Rode de Mussiett
Beatriz de Missena
Esther de Borrás
Vilma de Fajardo
Alicia de Zorzoli
Sofía de Garay
Nélida de González

EDITORIAL MUNDO HISPANO

EDITORIAL MUNDO HISPANO
130 Montoya Road, El Paso, TX 79932, EE.UU. de A.
www.editorialmundohispano.org

Nuestra pasión: Comunicar el mensaje de Jesucristo, por medios impresos y digitales, a fin de animar y apoyar la formación de sus discípulos.

Para la esposa del pastor, con amor. © Copyright 1990, Editorial Mundo Hispano, 130 Montoya Road, El Paso, Texas 79932, Estados Unidos de América. Todos los derechos reservados. Prohibida su reproducción o transmisión total o parcial, por cualquier medio, sin el permiso escrito de los publicadores.

Diseño de la portada: Carlos Aguilar

Primera edición: 1990
Decimosexta edición: 2021

Clasificación Decimal Dewey: 253.2

Tema: 1. Esposas de ministros
2. Esposos y esposas

ISBN: 978-0-311-42082-7
E.M.H. Art. No. 42082

1 M 6 21

Impreso en Colombia
Printed in Colombia

Indice

Prefacio

El presente libro está dedicado *Para la esposa del pastor, con amor,* y ese realmente es el motivo que llevó a la Casa Bautista de Publicaciones a pensar en una obra así. Queríamos algo especial y exclusivo para ese ejército de siervas fieles que acompañan a sus esposos en una de las empresas más aventureras y desafiantes que se conocen.

Había muchas formas de escribir un libro así. Podíamos haber pedido a alguna escritora reconocida que lo hiciera. O podíamos haberle encargado a la esposa de algún pastor famoso que relatara sus experiencias. Pero, como usted advertirá al recorrer las páginas de este libro, no todas las esposas de pastores son iguales, ni todas consideran su ministerio de la misma manera.

¿Qué hacer, entonces, para que la mayoría de estas mujeres se sintieran identificadas con el contenido del libro? Pues, ¡buscar muchas esposas de pastores que lo escriban! Y eso fue lo que hicimos. Buscamos esposas de pastores de diferentes países hispanos y les pedimos que compartieran sus experiencias y sentimientos sobre algún tema especial. La consigna fue: ¡No! a las teorías y conceptos abstractos. ¡No! a la esposa de pastor ideal y perfecta. ¡Sí! a abrir el corazón volcando victorias y fracasos; ¡Sí! a compartir experiencias que nos inspiren, nos alienten y nos lleven a decir: "¡Entonces yo no soy la única!"

Por todo esto, los lectores (esperamos que también lo lean los pastores) encontrarán estilos muy diferentes de un capítulo a otro. En esto hemos querido respetar la personalidad de las autoras.

También encontrarán diferentes conceptos en cuanto al ministerio de la esposa del pastor. Hemos tratado de lograr que todas las posiciones en cuanto al lugar de la esposa del pastor hallen cabida en este libro. No estamos auspiciando ninguna en particular; no es nuestro propósito hacerlo. Pero sí creemos que el hecho de mostrar una variedad de posturas contribuye a la riqueza de esta obra.

Así nació *Para la esposa del pastor, con amor.* Es nuestro deseo que el Pastor de los pastores utilice este libro como una herramienta de inspiración y de aliento para aquellas servidoras que, de la mano de su esposo, participan de una manera u otra de lo que alguien ha dado en llamar "el romance del ministerio".

Los editores

Introducción

Mujer, esposa, madre y compañera, son solamente diferentes aspectos del papel multifacético que toca desempeñar a la esposa del pastor. Su situación personal, frente al esposo, a los hijos, a la iglesia y al mundo que le rodea, es delicada. Sus conflictos, complejos.

El presente libro, escrito por y para esposas de pastores, no pretende dictar fórmulas para lograr el éxito. Tampoco se propone aconsejar cómo ser esposa de pastor. . . y ser feliz, como sugiere el título de un libro sobre el tema. Se trata simple y llanamente de apuntar situaciones, compartir experiencias e inspirar con el testimonio personal a seguir adelante.

Cuando una joven cristiana llega al altar para prometer delante de Dios amor y fidelidad a un hombre —a un siervo suyo—, lo hace con el corazón lleno de ilusiones y con una oración en lo íntimo del alma porque su anhelo es ser compañera idónea de su esposo.

Su gozo es desbordante porque ha aprendido, quizá desde niña, que "placer verdadero es servir al Señor, no hay obra más noble ni paga mejor".

Se contempla con todo el brío de su juventud como una Débora que no siente temor de ir al frente del ejército en el campo de batalla; con la firmeza irreductible de una Ester que podía decir, "si perezco, que perezca", dispuesta a salvar a su pueblo; o con la dulce ternura y disposición de María al decir "he aquí la sierva del Señor, hágase en mí conforme a tu palabra. . .".

Se encuentra en el Monte de la Transfiguración. . .

Pero el servicio no se da en el monte. Es necesario descender al valle y allí ejercer su vocación. Anhela cumplir la voluntad de Dios en su vida, pero esa voluntad no siempre aparece muy clara delante de sus ojos.

Desde el primer día hace frente a las labores cotidianas que forman parte de su compromiso.

Había sido joven muy activa dentro de su iglesia, pero ahora es la esposa del pastor y muchos ojos están puestos en ella; su apariencia, su carácter, su identidad.

Ama a su esposo, pero tiene que compartirlo y en múltiples ocasiones llorar íntimamente su soledad. Ha de buscar el camino para mantener viva la llama del amor que los une, en medio de circunstancias que no les son favorables.

Es madre. Los hijos son su herencia de parte de Dios. ¿Cómo guardar el equilibrio, mantener una escala de valores divinos respondiendo a su vocación personal y cuidando con esmero su herencia? ¿Cómo lograr que sus hijos crezcan amando y respetando el ministerio de su padre? ¿Cómo inspirarlos a la fe, a responder a su propio llamamiento, en lugar de propiciar algún sentimiento de frustración o rebeldía?

Y luego, en el ejercicio del ministerio, en ocasiones se siente incapaz de llenar las aspiraciones de la iglesia. Hay conflicto entre lo que ella piensa que debe ser y hacer, y lo que se espera que sea y haga.

Ha de guardar mesura en sus intervenciones porque el pastor es su esposo y no ella. A la vez, tiene un llamamiento propio, deseos de realizarse como mujer y como hija de Dios. ¿Cómo responder a su vocación personal y no perder su identidad de ayuda idónea como esposa?

Sería necesario no uno sino muchos libros para recoger las vivencias de una esposa de pastor en nuestro mundo hispano. Este sale a la luz como respuesta de la Casa Bautista de Publicaciones a las repetidas solicitudes de diversos países, de publicar un libro sobre y para la esposa del pastor.

Lleva la oración íntima de cada esposa de pastor que contribuyó en escribir algún capítulo, para que el Señor lo use para inspirar, edificar y motivar a otras compañeras de ministerio.

Muchas cosas no se escribieron. A la manera de María, la madre de Jesús . . .quedan guardadas en nuestro corazón.

Edna Lee de Gutiérrez
Ciudad de México

LA ESPOSA DE PASTOR COMO MUJER

1

¿Quién soy yo, realmente?

Norma de Deiros

La autora nació en Buenos Aires, Argentina. Es una maestra "de alma" que lleva la docencia en la sangre. Además de su título de maestra tiene el de Profesora de Inglés.
Realizó estudios teológicos en el Seminario Bautista de Argentina y en el Seminario Teológico Bautista de Fort Worth, Texas, donde también tuvo la oportunidad de enseñar.
Además de ejercer la docencia en dos escuelas de su ciudad, es Ministro de Comunión Cristiana en la iglesia donde su esposo es pastor.
Es madre de tres varones adolescentes.

En el año 1963 se llevó a cabo un simposio en el centro médico de la Universidad de California en San Francisco. El propósito de tal encuentro académico en el que participaron hombres y mujeres de distintas áreas del saber humano, fue el de analizar el potencial de la mujer en una época de cambios. En un panel de discusión el señor Thomas Carr Howe definió a la mujer diciendo: "Pienso que la mujer es la esposa del hombre." Este comentario revela un cierto concepto con respecto a la mujer, que si bien está cambiando, continúa arraigado en la manera de pensar de muchas personas.

Esto se acentúa en algunas situaciones, especialmente en aquellas en las que el varón, por la naturaleza de su vocación, ocupa un lugar de liderazgo. Tal es exactamente el caso de la esposa del pastor. Su vida tiene sentido solamente en función del llamado de su esposo. Sus expectativas están limitadas, sus necesidades e intereses se ven desplazados. Las presiones externas la colocan dentro de un molde del que a veces es difícil salir. Su identidad desaparece, aun su nombre, muchas veces, se ignora. Surge entonces la pregunta: ¿Puede esta mujer ser quien ella es?

La respuesta decididamente es afirmativa aunque muchas veces pensemos que lo contrario es lo correcto. No hace mucho alguien me dijo que yo debía ser paciente y negarme a mí misma para que mi esposo pudiera seguir cumpliendo con un ministerio fructífero. Si bien el comentario tenía una buena intención, me dejó pensando seriamente. Si negarme a mí misma significaba no intervenir cuando no era necesario, lo compartía totalmente. No obstante, si quería decir dejar de lado lo que soy, mis potencialidades, mi capacidad de trabajo, en una palabra mi identidad, cometería un gran error siguiendo ese consejo.

La razón es que eso sería negar la obra de Dios en mí. Dice la Biblia que el Creador nos hizo a su imagen. Esa imagen se ve reflejada de distinta manera en cada uno de sus hijos. Como cristiana, debo respetar la herencia que recibí y hacerla crecer para poder cumplir con la voluntad de aquel que me llamó de las tinieblas a su luz admirable.

La búsqueda de significados

Para poder presentarnos ante nosotras mismas y ante los demás mostrándonos tal cual somos, tal cual Dios nos hizo, es necesario que tengamos un claro concepto de lo que significa nuestra identidad. Muchas veces me interesé y leí sobre las implicaciones de tal palabra. Este es un término que suponemos entender hasta que se nos pide una definición. Cuando comenzamos a examinar el concepto, nos damos cuenta de que es mucho más complejo de lo que suponíamos en un comienzo. No obstante, el interrogante que subyace debajo de cualquier definición es el siguiente: ¿quién soy realmente?

Hay quienes consideran que la identidad está determinada por el trasfondo cultural y por la comunidad en la que estamos inmersos. En el otro extremo están los que piensan que la identidad es algo que nos pertenece totalmente en el sentido de que tiene su origen y su fin en nosotros mismos. Ruth Tiffany Barnhouse contrapone los dos conceptos de esta manera: "¿Quién soy desnudo y solo en una habitación blanca? O, ¿Quién soy en términos de mi trasfondo y mi comunidad?"

Lo importante es establecer un balance entre los extremos. La identidad es imposible en la soledad absoluta. Dios nos creó para compartir nuestras vidas con otros. Experimentos recientes han probado que cuando a una persona se le retiran todos los estímulos ambientales, tanto físicos como personales, el individuo se desorienta y comienza a tener alucinaciones en cuestión de horas. Por lo tanto, el mantener una identidad segura requiere de la comunidad circundante.

Sin embargo, si la identidad se experimenta sólo en términos de esa comunidad, el individuo no es tal sino sólo un integrante irreflexivo del rebaño. De esto se deriva que la falta de balance en cualquiera de las dos direcciones va en detrimento de una identidad personal floreciente. En otras palabras, las personas no pueden desarrollar todo su potencial si tienen demasiada libertad o si no tienen ninguna.

Tomemos un ejemplo de la biología. Cuando me estaban haciendo un tratamiento por esterilidad, antes de tener mi primer hijo, el médico que me atendía me dio una explicación que ilustra gráficamente lo anterior. Me dijo que el medio en el que se mueven los espermatozoides a nivel del cuello uterino, debe tener la consistencia apropiada. Si es muy espeso, no se pueden desplazar y si es demasiado líquido, no se pueden orientar. La conclusión es, entonces, que no hay identidad individual si no hay una comunidad, ya que el aislamiento conduce a desórdenes. También es cierto que no se puede participar en forma creativa y responsable de una comunidad, sin saber quiénes somos como criaturas de Dios separadas y únicas.

Lo cierto es que teniendo en cuenta el debido balance, todo ser humano, no importa su sexo, su condición social, su cociente intelectual o cualquier otro aspecto que queramos tomar en cuenta, debe encontrar un sentido de identidad y vivir en consecuencia. Si fracasamos en lograr esto, el resultado puede ser lo que los técnicos en la materia denominan "alienación". J. L. Rubbins define este vocablo como ". . .una incertidumbre acerca de la mayoría de las actividades de la vida, una distorsión o represión de experiencias emocionales interiores".

Podríamos agregar que esa alienación nos llevaría a no encontrar nuestro lugar de servicio. Nos llenaría de frustración y nos privaría del inmenso sentido de realización y triunfo que deriva de haber hecho aquello para lo cual nos llamó el Señor. En cierta oportunidad, la esposa de un pastor muy prominente fue a consultar a un médico. Se encontraba en un lamentable estado depresivo. Lloraba a cada momento, se sentía totalmente desganada. Tal era su situación, que llegó a pensar que tenía un serio problema de origen físico. Luego de los exámenes del caso, el profesional le recomendó ver a un psicólogo. Su primera reacción fue negativa. Una persona como ella, casada con un pastor que aconsejaba tanto y tan bien, no podía tener necesidad de tal consulta. Por un tiempo trató de salir del problema por sus propios medios. Como su estado se agravó, no dudó en buscar la ayuda que necesitaba. Eligió un psicólogo cristiano que pudiera interpretar mejor cualquier cosa que ella le contara, y ya en la primera sesión comenzó a surgir el origen de su estado depresivo. Esta mujer había pasado los veintitrés años de la actividad pastoral de su esposo negando lo que ella era y sentía. Se había graduado como bioquímica y había comenzado su actividad dentro de ese campo con mucho éxito. A pesar de esto, tomó la decisión de dejar el esfuerzo de muchos años de su vida, porque sentía que no era una profesión adecuada para la esposa de un pastor. ¿Cómo podía sentirse si no alienada, y como consecuencia, deprimida? Sólo un sentido de identidad bien arraigado puede evitar situaciones tan desagradables y destructivas.

La búsqueda de similitudes

Apliquemos lo anteriormente expuesto a nuestra experiencia personal como mujeres con un rótulo especial, "esposa de pastor". Siempre recuerdo el comentario que me hizo una amiga, quien se estaba por casar con un ministro. Se veía preocupadísima leyendo un manual para la Sociedad Femenil Misionera. La razón de su angustia era que, ni bien llegara a la iglesia, como sería la esposa del pastor, también tendría que ser la presidenta del grupo femenino. Poco tiempo después, me casé yo con un siervo del Señor y pude experimentar en carne propia lo que mi amiga me había contado.

Una segunda experiencia personal puede servir para reforzar la ilustración. Nunca voy a olvidar, por la tensión que me causó, el sentimiento de culpa que experimenté cuando comencé a dictar unas horas de cátedra en una escuela de la ciudad en la que mi esposo servía. Tal conducta no condecía con el concepto predominante en ese momento y en aquel lugar de que la esposa del pastor no podía trabajar. Si lo hacía, no estaría en condiciones de ayudar a su esposo adecuadamente.

Analizando estos ejemplos a la luz de los conceptos discutidos, se pueden sacar conclusiones de valor. Es evidente que, en muchos casos, la identidad de la esposa del pastor está rigurosamente determinada por los límites que se le imponen desde el exterior. La iglesia, como comunidad, le atribuye ciertos rasgos y papeles que espera encontrar en ella. La presión es tan fuerte que, ante la amenaza, reacciona favorablemente tratando de satisfacer las expectativas que se le presentan. La necesidad de sentirse segura y aceptada la lleva muchas veces a negar su identidad, para ser lo que la iglesia desea. En el intento de agradar, esta mujer vive a la defensiva, no sólo sepultando en muchos casos su propia vocación, sino que a la vez, por el sentido de precariedad que su propia actitud le causa, construye murallas infranqueables para protegerse de los demás.

La esposa del nuevo pastor le pidió a la del saliente que le diera una lista de personas, especialmente mujeres, "de las que debía cuidarse". Esta misma persona, más tarde, hacía esfuerzos indecibles por ejecutar un instrumento, ya que su antecesora lo hacía muy bien. Los resultados fueron frustración y pena. ¿Es necesario ser lo que la comunidad quiere? A veces, el Señor la usa para nuestro desarrollo personal. Otras, su intervención sólo sirve para cercenar, sepultar y anular. Lo sabio es lograr discernir las diferencias.

Calando aún más hondo en los detalles de la experiencia de tantas mujeres, veremos que el esposo, en muchas oportunidades, contribuye a neutralizar la identidad de su esposa. Conversando sobre este tema, otra amiga me relató un caso interesante. Me habló de la esposa de un pastor que cumple la función de reemplazar a su esposo cada vez que por cualquier razón éste no puede estar en la iglesia. En tales oportunidades, le entrega a su esposa una copia del sermón con todas las indicaciones del caso, para que ella lo exponga ante la congregación. Me pregunto, ¿es eso lo que a ella le gusta hacer? ¿Es eso lo que puede hacer más eficientemente? ¿Es eso lo que el Señor quiere que ella haga?

Sin necesidad de recurrir a un ejemplo tan extremo, siempre me han llamado la atención aquellos casos de mujeres cuya misión consiste en ser secretarias personales de los pastores con quienes están casadas. Son ellas las encargadas de pasar a máquina sus sermones, las que llevan cuidadosamente su agenda personal, las que buscan datos, las que mantienen la correspondencia al día, las que acomodan los libros y las que archivan. Esas esposas quizás puedan sentirse felices, si es que su vocación es secretarial. Mi duda es que sea así en todas las situaciones.

Aun en aquellos casos en que los pastores, conscientes de este problema, toman medidas para solucionarlo, les es muy fácil caer en la regla general. Un ministro que estaba hospedado en nuestra casa me dijo: "Yo no quiero que a mi esposa la llamen 'Señora de . . .' Me gustaría que la llamaran por su propio nombre. Ella es una persona con muchos dones, pero la gente tiende a identificarla conmigo. Y la verdad es que somos muy distintos." Poco tiempo después, su esposa me comentaba que se sentía realmente abrumada por las cargas que su esposo le imponía desde el punto de vista del trabajo en la iglesia.

Si bien tanto las demandas de la comunidad de fe, como las demandas del esposo son bien intencionadas y no pretenden destruir, sino todo lo contrario, el resultado es inexorablemente negativo. La esposa del pastor aparecerá como un miembro del rebaño totalmente desdibujado. Este hecho la llevará a sentirse triste e insatisfecha. Su actitud de acatamiento, cuyo propósito era el de sentirse segura y aceptada, no sólo no va a lograr su cometido, sino que la va a llenar de angustia por no ser lo que ella realmente es, lo que Dios la creó para que fuera.

Echemos a andar

A la luz de todo lo analizado, ¿cómo podemos, como esposas de pastores, ser quienes somos?

En primer lugar, debemos tener en alta estima nuestra

vocación en el sentido más amplio. Mi convicción personal es que un pastor no puede llevar a cabo su ministerio de una manera plena y completa, a menos que esté casado con una mujer con un llamado al servicio. Ese llamado es especial e individual, y por lo tanto, tiene manifestaciones diversas. Cada persona debe orientar su servicio, buscando exclusivamente la voluntad de Dios y haciendo aquellas cosas para las cuales está dotada y que, en consecuencia, le darán un profundo sentido de realización.

Ejercitemos los dones que Dios nos dio y usémoslos en el ministerio. Sintamos también la libertad de desarrollarnos en nuestra vida secular a través de aquello que el Señor nos conceda. Si él permite que lo hagamos, es porque también allí nos va a usar. La satisfacción más grande que recibí durante el año pasado, fue la conversión de una querida compañera de trabajo y de su esposo. ¿Cómo hubiera podido darle mi testimonio si hubiera desechado la tarea docente para la cual el Señor me dotó?

En segundo lugar, tratemos de descartar el "complejo de primera dama". Esta tentación se transforma, en muchos casos, en una pesadilla insoportable. Es muy agradable tener las miradas de todas las personas sobre nosotras, pero esta sensación dura poco tiempo. No hace mucho leí el caso de un pastor que terminó abandonando el ministerio. Fue tan grande el esfuerzo de su esposa por mantenerse en el pedestal, que cuando por fin perdió el pie y cayó, no pudo soportar la situación. Su esposo dejó el pastorado para salvar su matrimonio.

Bien conocidas son también aquellas instancias en las que la mujer literalmente abandona a sus hijos. La razón superficial es que el Señor les demanda mucho. Lo que en realidad ocurre, muchas veces, es que deben dedicar todo su esfuerzo a construir una imagen descollante. Este problema se agiganta cuanto más prominente sea la figura del pastor. Si queremos desarrollar una identidad sana, recordemos que el Señor no nos pide ningún sacrificio como el que acabamos de describir.

En tercer lugar, tomemos conciencia de nuestras propias limitaciones. No está escrito en ninguna parte, que las esposas de los pastores deban tener aptitudes multifacéticas. Sirva como ejemplo el caso de aquella mujer, que a poco de llegar a la iglesia, en un intento por demostrar todo su potencial, organizó junto con su esposo un campamento de adolescentes. Parte del programa consistía en dar un curso sobre educación sexual, y fue ella la encargada de dirigir esta parte. El problema es que para trabajar con jovencitos, en primer lugar hay que tener cualidades especiales. En segundo lugar, es necesario estar muy cerca de ellos en la vida diaria para conocerlos y saber cómo proceder. Por último, son ellos los que deciden aceptar o rechazar a sus líderes. Ninguna de estas tres condiciones se daban en la persona mencionada. El resultado fue un rotundo fracaso y un marcado descontento, que llegó hasta los límites de la burla en algunos casos extremos. No era necesario exponerse a tal situación. Quizás, dentro de la misma congregación había otra persona más calificada para ese trabajo. Ninguna de nosotras debe sentirse disminuida por no saber hacer algo. De igual modo, no es bueno sobrestimarnos a nosotras mismas, atribuyéndonos cualidades que no tenemos.

En cuarto lugar en esta lista, es preciso destacar que no debemos aceptar estereotipos. En todas partes, los miembros de las iglesias tienen un molde dentro del cual debe entrar la esposa del pastor. Hay actividades que le son propias, y otras que no le corresponden. Si tenemos la bendición de que lo aceptable coincida con lo que nosotras deseamos y sentimos, todo marchará bien. De lo contrario, en muchos casos, comenzarán las fricciones, las culpas y las imposiciones. Esto es, si no aprendemos a darnos nuestro propio lugar y si no enseñamos a los demás que somos mujeres con determinadas características.

Una de las participantes en un retiro presentó su gran preocupación por lo que la iglesia le exigía. En el lugar donde ella estaba, las esposas de los pastores, por muchos años habían sido las maestras de la clase de damas en la escuela dominical. Esta mujer tenía una especial vocación y aptitud para trabajar con jóvenes. A pesar de que no había quien ocupara ese lugar, la iglesia no admitía que ella lo hiciera, simplemente porque la regla había sido otra. No es tarea fácil y demanda mucha paciencia el lograr que los miembros de la iglesia nos acepten tal cual somos, dejando de lado los estereotipos. Sin embargo, esto es parte de la tarea educativa que debemos llevar a cabo en el ministerio cristiano.

Esto nos lleva a un quinto concepto. Debemos presentarnos como seres humanos con todas nuestras virtudes y falencias. No somos mujeres de acero inoxidable, inmutables y sin mancha. Somos seres con equivocaciones, con altos y bajos, con momentos de euforia, con momentos de depresión, con capacidades limitadas, que nos enojamos y que muchas veces contestamos en forma indebida. No debemos permitir que nos vean como mujeres perfectas. El problema es que primero debemos aceptar nosotras que no lo somos.

Me impactaron las lágrimas de una joven esposa de pastor el día en que alguien le señaló que había cometido una equivocación de un peso considerable. Su desesperación no tenía tanto que ver con la magnitud de su error, como con el hecho de haber quedado al descubierto delante de los miembros de su iglesia. Personalmente, creo que es beneficioso cometer errores, si es que éstos van a servir para modelarnos y para forjarnos según el modelo de nuestro Señor.

En sexto lugar, es bueno que logremos establecer bien ciertas diferencias. Dice la Biblia que la mujer es la ayuda idónea del hombre. No obstante, pareciera como si muchas veces se interpretara que la mujer es la "muleta" del hombre. Su presencia se justifica en tanto que pueda soportar el peso debido. Si bien es cierto que, en determinadas circunstancias, tal es el caso, no es posible vivir con esa sola misión. La razón es doble: no es bueno para la esposa ni tampoco para el esposo. Tal actitud estimula una dependencia dañina que, lejos de impulsar y construir personalidades, las anula.

Tengo bien presente el caso de un pastor que no visitaba a menos que su esposa lo acompañara. Mientras ella accedía con gusto, no había problemas. Pero, en aquellas oportunidades en que ella, por alguna razón prefería no ir, surgían terribles tensiones en la relación, que no beneficiaban a nadie. Ser "muleta" demanda un costo demasiado alto. Si usamos el esfuerzo en el desarrollo de nuestra creatividad, el Señor puede premiarlo más ampliamente.

Finalmente, para que todo lo antedicho sea posible, debemos amarnos a nosotras mismas. Muchas veces, entre los cristianos, el amor a nosotros mismos se considera como algo que debe ser evitado a toda costa. Este es un concepto que está muy lejos de lo que el Señor quiere de nosotros. Si Jesús hubiese pensado así, no habría dicho que tenemos que amar a nuestro prójimo como a nosotros mismos.

Indudablemente, es necesario desechar el amor egoísta, que lejos de proyectarnos nos destruye. Tal vez la expresión que mejor describe la actitud que debemos tener hacia nosotras mismas es "genuina preocupación dirigida por Dios". Si carecemos de esto, en realidad estamos despreciando la obra creadora de Dios, quien es el autor de nuestras vidas. También estaríamos desechando su obra redentora a través de Jesús. Si el Señor se dio entero por nosotras, ¿cómo podemos subestimarnos hasta el grado del desprecio, en muchos casos? Para poder amarnos correctamente es necesario que nos veamos como personas plenas y libres, para vivir de acuerdo con lo que somos, porque esto que somos es lo que Dios hizo de nosotras.

Este concepto nos lleva nuevamente al principio, cuando hablamos del ser humano creado a la imagen de Dios. Este solo y trascendental hecho hace imposible que seamos quienes somos, a menos que busquemos nuestra propia identidad en Dios. Carl Jung, el psiquiatra suizo, dice persuasivamente que sin la religión el ser humano está destinado a perderse en la masa. Esto es, porque sin un modelo que trascienda el plano humano, no se puede resistir la presión del grupo por mucho tiempo. Sólo las personas que honestamente traten de medir sus conductas en términos de patrones divinos, podrán desarrollar personalidades sanas y podrán vivir como lo que son.

Si, como esposas de pastores, pasamos por este mundo con conceptos claros con respecto a nuestra identidad enraizada en Dios, no habrá temor al fracaso. Ruth Tiffany Barnhouse dice: "Conocernos a nosotras mismas y encontrar nuestra identidad verdadera en Dios hace que el amar a nuestro prójimo sea no sólo posible, sino inevitable." Sólo así podremos ser obreras eficientes, compañeras idóneas y mujeres plenamente felices para la gloria de nuestro Señor.

2

¿Qué es eso de "Primera Dama"?

Astrid de Eustache

▪ ▪ ▪ ▪ ▪ ▪ ▪

La autora es oriunda de la hermosa Venezuela. Es maestra de Educación Primaria. Su interés en aconsejar a las personas la llevó a hacer varios cursos en su país y en el extranjero.
Ha sido profesora del Seminario Bautista de Venezuela.
Practica la consejería en forma privada.
Su esposo es pastor desde 1974.
Tienen un hijo.

LA ESPOSA DEL PASTOR COMO MUJER: "ES LA PRIMERA EN SER. . . EJEMPLAR. Por ser ejemplar, es la primera en ser. . . OBSERVADA. . . ADMIRADA. . . CRITICADA Y APRECIADA."

Como mujer, la esposa del pastor o ministro tiene también una imagen pública. Para muchas mujeres, este aspecto en la vida de la esposa de un pastor no es muy halagador. Sin embargo, siendo que tú y yo sabemos que no podemos evitar reflejar nuestra imagen, tenemos que aprender a "disfrutarla". Mis casi doce años como esposa de un pastor me han convencido de que esto último es muy posible.

No hace mucho tiempo una nueva creyente, miembro de la última iglesia que mi esposo y yo ministramos, me dijo con mucha ingenuidad: "Yo no sé por qué será, Astrid, pero siempre te veo muy bien. Es como si tú nunca tuvieras problemas. Casi siempre andas alegre y muy dispuesta a relacionarte con todos aquí en la iglesia. ¿Cómo puedes estar siempre así? Yo quisiera ser así también." Las palabra de Delia, quien para ese tiempo sólo tenía unos pocos meses de convertida, me dejaron sorprendida —y, ¿por qué no? también ¡muy halagada! Nunca había pensado que mi andar y actuar eran de tanto dominio público. ¡Y menos había pensado que eran tan rápidamente percibidos por otros! En aquella oportunidad alabé al Señor porque sólo por su misericordia yo había reflejado tal imagen durante aquel período de "observación" por parte de ella. Al mismo tiempo, tuve que aclararle a Delia la completa realidad de mi vida: una vida con dificultades, con momentos de tristeza y con deseos "antisociales", también. Pero, sin duda por la obra de Cristo en mi vida, hoy ella me veía así. Probablemente unos años atrás ella no hubiese dicho eso de mí. ¡Gloria doy a mi Dios por mi presente, y cuánto más por mi futuro!

Cuando hoy pienso en la imagen que nosotras como mujeres estamos ofreciendo a todo el que nos rodea, no puedo evitar pensar en las grandes implicaciones que ello conlleva. La mujer (tú o yo) que ocupa ese lugar de esposa de un pastor es la primera en dar un ejemplo, bueno o malo, quiera o no. Sí, la primera en dar el ejemplo por ser la esposa del líder terrenal número uno de la congregación: el pastor. No tenemos otra opción. ¡Tan simple como eso!

Buscando el significado de la palabra *ejemplo* encontré que la Real Academia de la Lengua Española le confiere, entre otros, un significado neutral. Es decir, que éste puede ser tomado negativa o positivamente. Su Diccionario lo define como:

> Caso o hecho sucedido en otro tiempo, que se propone y refiere, o para que se imite y siga, siendo bueno y honesto, o para que se huya y evite, siendo malo.[1]

Por supuesto, el ejemplo que demos determinará en cierta forma la actitud que los otros nos muestren. Mi experiencia ha sido que

[1] *Diccionario de la Lengua Española* (Madrid: Real Academia de la Lengua, 1984), Vigésima Edición, Tomo I.

cuando yo me intereso por un hermano en Cristo, generalmente soy correspondida en alguna manera similar —interesándose o acercándose a mí.

¡Yo sé! Tengo claro que también habrá excepciones a la regla. Algunas reacciones no serán justas o acordes. Yo también estoy corriendo la carrera —todavía no llego a la meta final— y sé que se encuentran piedras en el camino. El hermano incomprensible, la hermana egoísta, el visitante calumniador, las hermanas chismosas, los hermanos malagradecidos y otros que nunca ven las buenas cualidades o buenas conductas de nadie, estarán entre quienes nos rodean la mayoría de las veces. Pero la Palabra de Dios claramente también nos dice que la mala conducta de alguien no es excusa para la mala conducta nuestra, ni siquiera en situaciones que pensemos sean justas. Así que tenemos que dejar a las personas con este tipo de problemas en las manos del Señor, porque no está a nuestro alcance el cambiarles. Además, bien dijo nuestro Señor Jesucristo:

> Bienaventurados sois cuando por mi causa os vituperen y os persigan, y digan toda clase de mal contra vosotros mintiendo. Gozaos y alegraos, porque vuestro galardón es grande en los cielos. . . (Mat. 5:11-12).

No obstante, esto último no significa que nos quedemos con los brazos caídos. Las Sagradas Escrituras, la experiencia pastoral en tres congregaciones diferentes y el estudio del ser humano y su desarrollo sicológico y mental me han enseñado grandes verdades. Sí podemos en alguna forma influir en las reacciones —actitudes o tratos— de los demás. De igual manera podemos influir en la imagen que ellos se formen de nosotras.

Ser ejemplar en el buen sentido de la palabra, entonces, no es nada fácil (especialmente para nuestros hermanos ya mencionados). Al contrario, es una tarea ardua y dura pero, ¡no imposible!

Ahora bien, bajo ningún concepto pienso que sería posible configurar un patrón o imagen que todas pudiésemos imitar o seguir. Eso sería violar la condición de unicidad que el Creador estableció para nosotras sus criaturas. Si hubiésemos de parecernos a alguien tendría que ser a él y no nosotras unas a otras. Dios quiere que seamos sólo como él es. Así que el Señor Jesucristo es nuestro único patrón. ¡Gracias a Dios por su don inefable!

Después de conversar con algunas personas acerca de cómo nos ven ellas y qué imagen esperan de nosotras pude notar algunos aspectos muy interesantes. Muchas personas —por no decir todas—, de nuestra congregación nos observan, nos admiran, nos critican y nos aprecian.

En el resto de este capítulo quiero compartir brevemente contigo algunas experiencias y testimonios de inspiración para tu desarrollo y práctica de una vida como mujer EJEMPLAR.

Observada

La esposa del pastor, como mujer ejemplar, es la primera en ser observada.

A través de la observación, el "público" se forma una determinada imagen de una persona. Mi experiencia con Delia ha sido una de las más convincentes para mí. Desde entonces, he estado más consciente de este hecho. No estoy hablando aquí de paranoia, sino de que nos demos cuenta de cuán importante es nuestra imagen para el papel de mujer, esposa de pastor.

¿Recuerdas tú alguna experiencia personal al respecto? ¿Puedes recordar a alguien observándote en tu iglesia o congregación? ¿Puedes tú recordar algo de la última persona que estuviste observando hace unos pocos minutos antes?

Recientemente encontré una información que me resultó fascinante. Un sicólogo, especialista en investigaciones sobre la motivación, fue consultado para rescatar del abandono un edificio de unos 50 pisos que no tenía suficientes ascensores. Al preguntarle sobre lo que los dueños debían hacer para motivar a la gente a no desertar del edificio, el sicólogo respondió: "¡Háganlo con espejos! La gente está más interesada en ella misma que en otra cosa." Los dueños colocaron espejos justo donde la gente esperaba los ascensores. Las personas esperaban sin ninguna queja hasta tres minutos por un ascensor, mientras se observaban a ellas mismas y a otros en los espejos. Obviamente, el edificio se salvó del abandono.[2]

---

[2] Cecil G. Osborne, *The Art Of Getting Along with People* (El arte de llevarse bien con la gente) (Grand Rapids: Zondervan Publishing House, 1980), págs. 31-32.

Quiero creer que tú puedes entender la idea muy bien. Tú misma te observas. Tú observas a otros más que a otras cosas. Pero. . . , ¿qué es lo que estás observando en los demás? ¿Qué es lo que estás observando en ti? ¿Será la cara. . . o la ropa. . . o el ánimo?

Posiblemente tú, al igual que yo, peques por no observar como es debido. Observar con el propósito de presentarte a Dios aprobada. Observar con el propósito de presentar tu cuerpo en sacrificio vivo, santo, agradable a Dios como nuestro culto racional. Observar si andas por el Espíritu, comportándote como es digno del evangelio de Cristo.

Un aspecto fundamental en la consideración que estamos haciendo a la observación de que somos objeto es la apariencia personal. La apariencia personal es precisamente eso: PERSONAL. No tenemos que vestirnos o lucir como quienes no somos, sino mostrando nuestros gustos y colores que, como bien dice el dicho, acerca de eso: ". . . no han escrito los autores". Tener una buena apariencia tampoco quiere decir que tengamos que llevar vestidos de lujo o usar maquillaje de una modelo de televisión. Simplemente quiere decir que seamos aseadas y compuestas, vistiendo con decoro y decencia. Sin olvidar que hemos de cuidar también nuestro cabello, nuestro peso, nuestra postura, nuestras manos y nuestros pies. ¡Qué agradable resulta a la vista una imagen bien cuidada!

La apariencia no se mide con la tarifa salarial —aunque ésta muchas veces nos golpee—, sino con la reverencia y respeto que tributemos a Dios, a nosotras mismas y a nuestros semejantes.

¿Andamos con caras alegres y victoriosas? ¿Mostramos espíritu de valentía y dominio propio? ¿Qué tipo de mujeres estamos reflejando a la congregación que nos ve? ¿Tenemos una apariencia personal placentera?

Ciertamente, es bueno ser cuidadosas y diligentes en proporcionar a nuestro primer "observador", nuestro Señor, y a los otros que nos rodean, una imagen que agrade.

Admirada

La esposa de pastor, como mujer ejemplar, es la primera en ser admirada.

"¿Cómo es posible que tú puedas vivir bien con tan poco

presupuesto? Tú haces milagros con el dinero. ¡Sinceramente te admiro!" Le decía una hermana a la esposa de un pastor por su buen manejo del dinero. Lógicamente esta hermana no sabía dónde radicaba el secreto de una buena vida con poco dinero. "Simplemente está", respondió la esposa del pastor, "en abrigarse solamente hasta donde a uno le alcance la cobija." La mayoría de nosotras vivimos también con un presupuesto bastante apretado y sería muy bueno aprender a hacer esos "milagros".

El testimonio anterior es sólo una muestra de muchos que nos indican la admiración de aquellos que ven la vida de una mujer ejemplar, esposa de pastor. Sí, nosotras somos admiradas por las buenas actitudes y acciones, aun en las situaciones más adversas de la vida. ¡Cuántas historias he conocido acerca de mujeres que han hecho grandes proezas en sus vidas como esposas de pastores! Por supuesto, todas fueron hechas con las fuerzas del Todopoderoso. Sé de mujeres que son verdaderas mártires, humilladas y ultrajadas por causa de la obra de Cristo. Mujeres que dan su todo en su servicio al Señor a pesar de grandes tragedias y enfermedades en el seno de sus familias. Muchas que sirven al Señor en grande escasez, pero sin abrir sus labios para quejarse. Y otras que están sirviendo al Señor sin ninguna clase de reconocimientos en el seno de sus iglesias, pero que abren sus labios para alabar a su Señor. Realmente, son dignas de admiración, ¿verdad? ¿Cuántos testimonios similares has oído tú? ¿Entre cuáles de ellas te encuentras tú?

¡Qué bueno es ser admiradas por causa de la obra de Cristo en nuestras vidas! ¡Qué bueno es alabar a nuestro Señor por la admiración que él permite se tenga de nuestras vidas!

Criticada

La esposa del pastor, como mujer ejemplar, es la primera en ser criticada.

Por lo general, cada vez que me reúna con un grupo de esposas de pastores, el tema de la crítica entra en el panorama. Realmente, noto que molesta tremendamente, especialmente cuando no estamos listas para lidiar con este desagradable "mal". Hoy recuerdo perfectamente cuán profundamente me afectaban a mí las críticas, sobre todo las hechas injustamente. Me resultaban como un verdadero tormento. Siempre quise desmentirlas, contestarlas, devolverlas y hasta vengarlas —¡qué vergüenza! Sin embargo, esa es una reacción muy normal. Pero normal para el pecador, para aquel que no tiene ningún deseo de mejorar la raza. El mismo Señor Jesucristo le dijo a sus discípulos,

> Oísteis que fue dicho: Ojo por ojo, y diente por diente. Pero yo os digo: No resistáis al que es malo; antes, a cualquiera que te hiera en la mejilla derecha, vuélvele también la otra;. . . Pero yo os digo: Amad a vuestros enemigos, bendecid a los que os maldicen, haced bien a los que os aborrecen, y orad por los que os ultrajan y os persiguen; para que seáis hijos de vuestro Padre que está en los cielos, que hace salir el sol sobre malos y buenos, y que hace llover sobre justos e injustos (Mat. 5:38, 39, 44, 45).

Esta es la reacción que nosotras también necesitamos tener.

Cada vez que oímos la palabra *crítica* tendemos a interpretarla con una connotación negativa. Y tenemos razón, pero. . . sólo hasta cierto punto. Los juicios que se nos hacen *pueden ser* para edificarnos. Ahora bien, yo no me refiero solamente a la crítica constructiva sino a la destructiva también.

Nosotras como mujeres ejemplares estamos en una posición en la que no podemos evitar el ser criticadas, así que necesitamos aprender cómo recibir la crítica de dondequiera que venga y por la razón que sea. Hay muchas maneras de recibirla, pero queremos que sea la más acorde con una hija de nuestro Padre que está en los cielos.

Algunas personas responden a la crítica aislándose y encerrándose en sí mismas para sufrir su dolor y enojo. Pero esta reacción sólo las lleva a la depresión, que no es nada agradable. Otras responden verbalmente con ira y violencia. Pero lo que hace esto es destruir las relaciones, que por cierto tampoco es bueno.

Cuando es criticada, la mujer ejemplar esposa de pastor usa la experiencia para algo positivo. La maneja como un instrumento de crecimiento y de edificación. Suena imposible, ¿verdad?, pero sí es posible gracias a Dios.

La mujer criticada ha de preguntarse y pensar por qué la crítica llega a molestarla y a ponerla a la defensiva. Es indispensable examinar nuestro enojo e ira. Si las críticas son justificadas en su contenido aunque no lo sean en su manera de transmitirlas, ¿por qué molestarnos? Respondamos más bien con gratitud al que nos critica por querer ayudarnos, y comencemos a hacer las reparaciones necesarias. Al fin de cuentas, el problema de no saber hacerlo mejor no es nuestro sino del criticador —tal vez nosotras tengamos la responsabilidad de ejemplificar la manera correcta.

Si las críticas son injustificadas, entonces respondamos con buen humor, porque de cualquier manera nos van a hacer más conscientes y atentas de lo que estemos haciendo, y de cómo estemos siendo —realmente me encanta ver el lado positivo de todas las cosas. Eso no significa que tengamos que seguir las críticas ni dejar que nos dirijan nuestros sentimientos y reacciones. Tampoco tenemos que desmentirlas o enfrentarlas directamente. Sólo recibámoslas y hagamos con este tipo de críticas lo que nosotras creamos más apropiado: filtrarlas (sacándoles lo bueno, si lo hay), olvidarlas o desecharlas o mantenerlas al margen.

Una palabra en cuanto a nuestra propia participación en la crítica es esta: si creemos que debemos hacerla, recordemos las palabras sabias de nuestro Señor Jesucristo cuando dijo:

> No juzguéis, para que no seáis juzgados. Porque con el juicio con que juzgáis, seréis juzgados, y con la medida con que medís, os será medido. ¿Y por qué miras la paja que está en el ojo de tu hermano, y no echas de ver la viga que está en tu propio ojo? (Mt. 7:1-3)

Si todavía necesitamos hacer alguna crítica, busquemos diferentes maneras o alternativas para hacerla. Puede ser a través del amor y la aceptación, de la enseñanza de lo que es correcto, del diálogo, del refuerzo de las buenas conductas, de la corrección de los errores y no de las personas, del estímulo a los demás y de la oración y bendición de ellas.[3]

---

[3] William J. Diehm, *Criticizing* (La crítica) (Minneapolis: Augsburg Publishing House, 1986), pág. 55.

Una antigua gran verdad que he aprendido (finalmente) en cuanto a juicios, comentarios, críticas o como quieran llamarle es que en este mundo de hoy y de siempre no hay una sola manera de pensar, ver y hacer las cosas. Siempre voy a encontrar en mi camino a alguien que piense, vea y haga las cosas de una manera muy diferente a la mía. Así que quiero vivir aceptando ese hecho para ser más feliz en este mundo tan amado por mi Dios.

Vivamos, pues, como mujeres ejemplares que saben dar y recibir críticas positivamente.

Apreciada

La esposa de pastor, como mujer ejemplar, es la primera en ser apreciada.

Con mucha tristeza he oído a algunas mujeres renegar de su gran llamamiento y privilegio como esposa de pastor. Ellas, sin duda, están inconscientes y ciegas para reconocer el gran privilegio y las grandes bendiciones del Señor sobre sus vidas. ¡Cuánto glorifico a mi Señor por ser una mujer esposa de pastor! —¡Especialmente por ser esposa de mi amado Alirio! Para mí eso significa ser llamada, privilegiada y amada.

No solamente contamos con el amor de nuestro Señor, del esposo y la familia, sino también con el de la mayoría de nuestros hermanos de la iglesia. Sí, la esposa del pastor es apreciada por su persona, por lo que representa, por lo que hace y por su amor hacia ellos. ¡La esposa del pastor es amada por muchos!

Yo sinceramente creo y digo: mientras más me doy, más recibo, mientras más amo, más soy amada. Estas no son sólo meras palabras o fruto de puro emocionalismo, como algunos podrían llamarlas. Son palabras apoyadas por las magnas palabras de nuestro Dios, apoyadas por mis trece años en el ministerio santo al cual mi Señor me llamó, y por mis casi doce años de vida y experiencia al lado de mi gran amado Alirio, compañero de mi vida y de milicia. Nosotras como mujeres ejemplares, esposas de pastores, hemos de encarnar a la mujer virtuosa que cita el autor de Proverbios cuando dice: "su estima sobrepasa largamente a la de las piedras preciosas" (Pr. 31:10).

Mujer ejemplar

Es mi oración muy sincera que nosotras, esposas de pastores, como mujeres ejemplares, seamos las primeras en ser OBSERVADAS, que por ser observadas seamos ADMIRADAS, que por ser admiradas seamos POSITIVAMENTE CRITICADAS y que por ser positivamente criticadas seamos AMADAS para la GLORIA DE NUESTRO DIOS. Amén.

3

¿En quién puedo confiar?

Joyce de Wyatt

La autora nació en los Estados Unidos de N. A. A los dieciséis años sintió que Dios la llamaba a ser misionera. Junto con su esposo ha cumplido 35 años como misionera en España, Chile y Colombia. Se ha desempeñado como profesora, siempre en el área de la educación.
Es una talentosa escritora. Colaboró por muchos años en la revista *La Ventana* y también con materiales de educación cristiana. Recientemente la Casa Bautista de Publicaciones acaba de publicar su libro *Soy mujer, soy especial.*
Actualmente está radicada en Cali, Colombia.
Es madre de tres hijos y abuela de cuatro preciosos nietos.

María conoció a Jorge en el seminario donde los dos habían ido a prepararse para servir al Señor. Después de terminar sus estudios se casaron y fueron a la ciudad donde ahora Jorge es pastor. Al principio "todo fue un sueño", pero ahora María siente que a nadie le importa si ella está o no; a pesar de su preparación no tiene nada que hacer en la iglesia. Jorge está ocupado largas horas cada día y llega a casa cansado. María no quiere preocuparle más con su frustración. Lejos de sus familiares, se siente sola. ¿Qué puede hacer?

Juana se casó con Rafael, el pastor de su iglesia. Todo el mundo comentaba que ese era un matrimonio ideal. Juana había crecido en la iglesia, conocía a todos, tenía muchas amistades, sería la esposa ideal para Rafael. Ahora Juana no puede entender qué ha pasado: sus amigas ya no la buscan como antes, la tratan como una persona distinta. Se siente dejada, rehusada, sola, ni una ayuda para Rafael ni para nadie. Juana está confundida. ¿Qué debe hacer?

Angela y Jaime son padres de tres hijos adolescentes. Llevan 18 años en la iglesia y están contentos en su ministerio. Después de mucha oración y una decisión familiar Angela ha empezado a trabajar fuera del hogar para ayudar con los gastos de educación para los hijos. Después de varios meses Angela se pregunta si eso es lo que debía haber hecho. Hay mucha tensión en cada encuentro familiar con los hijos y con Jaime. Angela está cansada y frustrada. ¿Con quién puede hablar y buscar soluciones convenientes para su familia?

María, Juana y Angela tienen algo en común: necesitan ayuda, están frustradas, tensas, perplejas. ¿Qué pueden hacer para mejorar su situación? Este capítulo procura buscar respuestas que sirvan no solamente para ellas sino también para usted en su situación especial.

¿Tiene usted una amiga especial? ¿Alguien que es su confidente, alguien con quien puede ser quien es realmente? Si su respuesta es sí, está gozando de una de las relaciones más importantes en el mundo. Sin duda usted también ha aprendido a ser este tipo de amiga para otras personas. Sus vidas se ven mejoradas y endulzadas a causa de esta relación. Este capítulo quiere confirmar y celebrar esta relación con usted. Tal vez su respuesta haya sido negativa, pero a la vez usted reconoce que tener una amiga íntima es una gran necesidad en su vida. Este capítulo procurará ayudarla a considerar su situación y buscar aquellas opciones que puedan ayudarla a tener y desarrollar esta experiencia tan especial. No hay duda alguna de que la amistad es una de las experiencias más importantes para el desarrollo de una personalidad sana. ¡Feliz la esposa de pastor que la logre!

La necesidad de amigas

Todo ser humano necesita de relaciones; necesita tener amistad con otra persona porque ha sido creado como un ser social. Dios lo ha creado a su imagen y semejanza, con capacidad y necesidad para relación. El mismo promovió esta relación con su primera creación, y la ha continuado con nosotros.

Jesús demostró abiertamente su necesidad de esta clase de relaciones cuando empezó su ministerio: escogió a aquellas personas que iban a ser su círculo íntimo de amistades, sus discípulos. Ellos compartieron con él los momentos especiales de su vida. En la última noche antes de su muerte vemos a Jesús afirmando esta relación, al compartir con ellos la Pascua. Entonces les dijo: "Ya no os llamaré siervos, porque el siervo no sabe lo que hace su señor, pero os he llamado amigos, porque todas las cosas que oí de mi Padre, os las he dado a conocer" (Juan 15:15). Un poco más tarde vemos a Jesús pidiendo a los tres amigos más íntimos que le acompañaran en su pasión, en su hora de necesidad. Aunque ellos le fallaron en este momento, nosotros sus seguidores tenemos una gran enseñanza y afirmación en esta acción de Jesús. No tenemos que sentirnos avergonzadas de expresar nuestra necesidad de compañerismo, de relación, de amistad, porque nuestro Señor, que era humano como nosotros, la afirmaba abiertamente.

Una necesidad especial.

La esposa del pastor vive una vida pública; en verdad, tiene poca vida privada. Es conocida por todos, pero posiblemente no conocida por nadie; es amiga de todos, pero no puede ser amiga de nadie. Vive una vida pública y muchas veces superficial. Su soledad le causa mucho dolor y confusión. Necesita encontrar a una amiga especial.

A veces se oye a un pastor o a su esposa decir "mi esposo/a es mi mejor amigo/a" y, aunque esto puede ser una realidad, todavía a ella le hace falta a alguien más, a esta amiga íntima con quien pueda compartir su vida. Esto no mengua en ningún sentido la relación tan especial con su esposo, pero le permite a ella compartir sus goces, dolores y necesidades con otra persona. Puesto que el pastor es la persona que lleva la carga de los problemas y dificultades de su congregación, la esposa puede sentir que no debe cargarle con otros, y así evitar compartir con él las situaciones y sentimientos que pesan en su ser. Necesita una amiga confidente.

Un pastor dijo: "La necesidad más grande de mi esposa es tener una amiga íntima. Siempre ha tenido muchas amigas, pero la iglesia tiende a tratarla como a una persona distinta, sin necesidades 'normales' de amistad y apoyo puesto que es esposa de pastor".

Henri Nouwen en *El Sanador Herido* dice que la alternativa a la intimidad es el alejamiento. Cuando todos son mis vecinos en una relación impersonal, entonces nadie es mi prójimo; es decir, esa persona más próxima a mí misma. Entonces ocurre una alienación de los demás y de uno mismo. ¿Es esta su situación?

La Biblia habla mucho acerca de la amistad y de su valor especial para el desarrollo de la persona y de la comunidad. "En todo tiempo ama el amigo, y es como un hermano en tiempo de angustia" (Pr. 17:17). "El hombre que tiene amigos ha de mostrarse amigo; y amigo hay más unido que un hermano" (Pr. 18:24). Esta es la clase de amistad que necesita la esposa del pastor. No es una amistad casual, sino una que sirve para todo momento y toda situación. Para ser una persona íntegra, una persona sana, hay que conocer a otros y ser conocida por ellos. Esta clase de amistad no es el resultado del toque de "una varita mágica", sino es una relación que se construye y desarrolla poco a poco con amor, con intención, y con esperanza.

De dónde pueden venir las amigas

La esposa del pastor puede ser una persona que se haya criado en esa iglesia y así conoce a todos y es conocida por todos, o puede ser una persona nueva para toda la congregación. Puede ser que acabe de llegar a la iglesia o que haya llegado hace mucho tiempo. Cualquiera que sea su situación, necesita tener amigas, y necesita una amiga confidente.

Cuando uno llega a una iglesia nueva viene con mucha ilusión, pero a la vez lleva consigo cierta tristeza puesto que ha dejado a las amigas y las relaciones especiales que tenía anteriormente. Esto, juntamente con las tensiones experimentadas al estar en una nueva situación, puede causar una necesidad de amistad tan grande que la esposa del pastor corre el peligro de escoger una relación que puede causarle problemas posteriores. ¡Mucho cuidado durante las primeras semanas en una nueva iglesia! Este es el tiempo cuando debe ser amigable con todas, pero no debe entrar en relaciones comprometedoras, porque éstas pueden ser contraproducentes a la larga.

Hay varias relaciones que ofrecen a la esposa del pastor

oportunidades de amistad dentro y fuera de la iglesia. Las vecinas cercanas son una buena posibilidad de amistad, especialmente cuando ni la una ni la otra trabajan fuera del hogar y tienen tiempo para desarrollar la relación. Muchas mujeres latinas tienen su familia extendida que ofrece la oportunidad de una amistad especial: hermanas, tías, primas, cuñadas. Sin embargo, hay que tener cuidado con estas relaciones, porque una amistad que siempre ha sido muy significante puede aislarla de otras posibilidades. Hay que mantener estas relaciones especiales porque son muy importantes para usted y para su familia, pero no debe mantenerlas como las únicas. Usted necesita otras amigas y relaciones significativas.

Las organizaciones cívicas y públicas ofrecen muchas oportunidades para formar amistades con personas que tienen intereses similares a los suyos, tales como actividades voluntarias en el colegio donde estudian sus hijos. Otras oportunidades se ofrecen por medio de los "hobbies" o vocaciones. Actualmente, cada vez más personas se interesan en los deportes y el ejercicio: el trotar, tenis, natación, voleibol y otros. Allí en su ejercicio favorito usted puede encontrar a aquella persona con quien puede establecer una relación especial. Muchas esposas de pastores son profesionales, o estudian o trabajan fuera de sus hogares. Las relaciones desarrolladas en estos lugares ofrecen la posibilidad de encontrar a aquella persona que puede ser su amiga especial.

Los grupos de estudio bíblico, oración u otro énfasis especial pueden ser el punto de contacto que florece en una amistad estrecha. Muchas veces hay grupos interdenominacionales que sirven para ensanchar el círculo de amistades de la esposa del pastor. Esta ha sido la experiencia de muchas, y la mía propia. Mis mejores amigas pertenecen a un grupo de estudio bíblico que formamos hace muchos años y que sigue siendo el centro de apoyo y afirmación para sus participantes, juntamente con el desarrollo de nuestro conocimiento bíblico.

Las amistades formadas con otras esposas de pastores pueden ser la base para una amistad especial. A veces han sido condiscípulas en el seminario, y desde ese entonces han formado una amistad y confidencia especiales. Puede ser que haya una organización de esposas de pastores en su localidad. Estos grupos se reúnen periódicamente para compañerismo y ayuda mutua. Para una persona recién llegada, esta organización puede ofrecerle la oportunidad de conocer mejor a otras personas que tienen experiencias y necesidades semejantes a las suyas. Si no hay tal organización, tal vez usted sea la persona indicada para formarla. Sería un gran apoyo para su ministerio.

Una palabra de cautela.

Cualquiera que sea la fuente para establecer una relación de amistad, hay ciertos criterios que deben tenerse en cuenta porque es de suma importancia una buena elección. En primer lugar, hay que reconocer que no todas las personas sirven para ser amigas íntimas. Por eso, no debe pensar que su amiga especial puede ser cualquier persona, ya que "todo el mundo" encuentra a Fulana de tal como la persona ideal para usted, también debe pensar así. No se debe castigar o sentir que usted es una persona "rara" puesto que no siente que esta es la persona ideal para usted. En verdad, es un signo de sabiduría y una afirmación de sus preferencias y necesidades. Es usted quien debe seguir su propio corazón para encontrar a su amiga íntima, un corazón bien orientado por la oración y el reconocimiento de su propia personalidad y necesidad especial.

Al hablar con varias esposas de pastores, muchas han mencionado que si una escoge a su amiga especial dentro de la misma membresía, esto puede traer problemas a la iglesia. Muchas han tenido dificultades de esta índole y recomiendan gran cautela frente a esta posibilidad. Pero, ¿por qué sería así? Pareciera que la iglesia fuera el lugar más propicio para formar amistades estrechas. Es la verdad, pero la experiencia indica que, excepto en casos sumamente especiales, la amiga confidente no debe ser de la misma iglesia. Puede ser que los demás sientan celos de su posición favorecida, o tengan miedo de que la esposa del pastor pueda contarle confidencias de los miembros de la iglesia y que éstas puedan llegar a ser conocidas por otros. Por estas causas la amistad especial de la esposa del pastor con un miembro de la iglesia puede ser una barrera a su ministerio a toda la congregación, causando divisiones entre los miembros a causa de la exclusividad de esta amistad.

Otro aspecto de una relación no aconsejable para la esposa del pastor es aquella persona que considera a la esposa del pastor como su "propiedad" y quisiera manipular a la familia pastoral y/o a la iglesia por medio de su influencia y la amistad con ella. También se han conocido casos cuando, en un problema o división de la iglesia, se han usado los comentarios de la esposa del pastor con su amiga contra su propio esposo.

Mencionamos estos hechos tristes solamente como una alerta en cuanto a los posibles problemas que puedan ocurrir. En ninguna forma queremos decir que uno debe siempre evitar formar relaciones especiales con los miembros de la iglesia. Puede ser que su caso sea distinto, pero conviene tener mucho cuidado en formar las relaciones estrechas con sus amigas dentro de la iglesia.

Acuérdese de que usted es una persona privilegiada; hay muchas personas en la iglesia que la aman, la respetan, la aceptan como una persona especial. Debemos responder a estas personas con amor, aceptación y gratitud. Son ellas las que dan un sabor muy especial a su vida diaria y a su ministerio. Son los acentos de gracia que Dios le ha dado con su gran amor. Debemos tratarlas como tales, dando gracias a él por ellas.

Amigas. . . y amiga íntima

Toda persona necesita verse afirmada como alguien de valor en los ojos de otra persona. Nos hace falta ser estimadas por los demás, pero especialmente por los que son importantes para nosotros. La amiga íntima o confidente de la esposa del pastor *es* especial, el aprecio de ella es importante, aun más importante que el aprecio de otros. Es comparable con la alta estimación que se quiere tener de parte de su esposo, sus hijos o sus padres. Puesto que esta relación es de tanta importancia para el bienestar de la esposa del pastor, debe ser escogida cuidadosamente, y la amistad que se forma debe ser cultivada y protegida como algo excepcionalmente precioso.

¿Cuáles deben ser las características de esta relación especial? ¿Cómo debe ser la persona que será amiga íntima de la esposa del pastor? Debe ser una persona que acepte a la otra y aporte activamente la amistad compartida. Deben tener intereses en común, deben gustarse la una a la otra, deben tener una relación mutua que traiga satisfacción y sentido a las dos. En ningún sentido ésta puede ser una relación fingida. Cada una debe ser una persona que pueda afirmar a su amiga, no en forma exagerada, sino sinceramente.

La amiga íntima tiene que ser confidente de su amiga; esto quiere decir que las experiencias compartidas son sólo para ellas y no deben ser usadas como información para compartir con otros, ni para controlar la una a la otra. Esto es especialmente esencial para esta relación con la esposa del pastor donde "los chismes" podrían causar gran daño no solamente a ella, sino también a su esposo, a la iglesia y al Reino de Dios.

Debemos cultivar las amistades porque todas son valiosas, pero hay que hacerlo en forma especial si usted siente que una de ellas podría llegar a ser la relación íntima que necesita. Cultivar una amistad significa dar tiempo adecuado a la relación, buscar oportunidades para conocerse mejor, y afirmar a la otra persona y la relación en sí.

Una amistad no se forma en un día, se desarrolla poco a poco. De la misma manera, el hecho de la confidencialidad no es una cosa que se experimenta en el primer momento, pero al desarrollarse la amistad se debe hablar de este aspecto especial de su relación. Esto ayudará a evitar la triste situación de una amiga que no sabe guardar confidencias. Hablar claramente de esta realidad de antemano puede ser la previsión más importante para que la relación sea permanente y significativa.

Sin duda la mejor forma de *tener* una amiga confidente es *ser* una amiga confidente. A causa de su posición especial la esposa del pastor puede conocer mucha información que otros no saben. En estos casos deberá guardarla para sí. A la vez puede ser que sienta frustraciones por el trato de la iglesia hacia su esposo, o su familia, o hacia algún programa o proyecto favorito. En estos casos es conveniente hablar con su amiga en cuanto a sus sentimientos, pero confidencialmente. La perspectiva que ella tenga puede darle nuevo ánimo y ayudarle a ver la situación en forma más objetiva. Recuerde también que su amiga va a tener necesidades, y usted tendrá la oportunidad de ayudarla en esta misma forma. Así se afirma el significado de la amistad.

Una verdadera amistad es un don especial de Dios. Henri Nouwen dice que la característica más importante que el creyente debe aprender en la relación de amistad es la hospitalidad. Esta es una hospitalidad de actitud, una hospitalidad que reemplaza la hostilidad que sentimos hacia otros, una hospitalidad que da libertad a la persona para ser ella misma y a ser aceptada como tal. La verdadera amistad libera a la persona con el don de la consolación, el don de la aceptación y el don de la libertad, pero también la verdadera amistad enfrenta cuando sea necesario, no en forma dañina y negativa, sino con honestidad y amor. La verdadera amiga íntima ama sin reparo, es hospitalaria, pero también ayuda a su amiga a reconocerse, a aceptarse y a hacer los cambios necesarios para ser ella misma. La creyente, deseosa de ser útil en las manos de su Señor es fortalecida por esta relación; su vida demuestra el poder de la amistad divina y humana.

Uno de los regalos más grandes que Dios puede darle es una amiga íntima. Su presencia, o la falta de ésta, influye crucialmente en su vida personal y pública. La esposa del pastor es una persona con muchas demandas en cuanto a su tiempo y energías. Muchas veces puede sentir que no tiene tiempo para cultivar una relación así, pero si lo hace, a la larga dará bendiciones con creces. Aparte tiempo cada semana, o cada quince días, para pasar un rato con su amiga. Hable con ella por teléfono de vez en cuando. No deje de cumplir y usar este tiempo dedicado a ella; es sagrado para usted y para su efectividad como esposa del pastor, y como persona de valor. Celebre su amistad, gozándose de esta relación especial. Diga a su amiga que usted da gracias a Dios por ella y por su amistad. Tal vez podrían hacerse un pacto mutuo para orar la una por la otra diariamente a una hora escogida. En esta forma se afirma la relación entre ustedes, y se lleva a la amiga a Dios en oración a diario.

La necesidad de un pastor

A veces la esposa del pastor ha estado con tanta tensión que sus necesidades son tan grandes que consumen la atención total de su amiga íntima. Es como una persona sedienta que no puede saciarse. En lugar de afirmar la relación, la ahoga por su necesidad. Si esta es su situación puede ser que usted necesite hablar con un pastor o un consejero que pueda ayudarla a exteriorizar su tensión para lograr una perspectiva más sana en cuanto a su vida.

Hay otras situaciones en las que usted va a necesitar la ayuda de otra persona además de su amiga íntima. Por ejemplo, cuando el problema está más allá de su capacidad para ayudarla a resolverlo. Uno de los puntos decisivos que tendría que resolver es si esta persona debe ser un pastor de su misma denominación o no. Si usted siente que estaría afectando a su esposo al hablar de los problemas con un colega de él sería mejor buscar a otra persona confiable. Puede ser que haya un pastor de otra denominación en quien usted tenga confianza. Si este es su caso, probablemente él sería la persona que podría ayudarla. Otra vez debe ser una persona en la cual usted pueda confiar y estar segura de la confidencialidad de su conversación y de su capacidad para ayudarla.

Otra posibilidad para consejería sería un profesor/a de seminario, un capellán de una clínica, un consejero profesional, o un evangelista-pastor que esté de visita en la iglesia. Usted es la persona que debe determinar quién sería mejor para usted. Hoy día no hay tanto prejuicio contra la persona que necesita consejo profesional, o un sostén para confrontar y soportar las dificultades que le toca vivir. Las demandas de la vida y el reconocimiento del papel de la consejería han abierto los ojos de muchos al valor de buscar salud en lugar de quedarse inmersos y estancados en sus problemas.

En realidad, hay muchas personas que buscan periódicamente la oportunidad de hablar con un consejero o terapeuta para mantener su salud mental en forma óptima y evitar la formación de problemas que podrían causar dificultades mayores. Esta clase de prevención es muy sabia para todas las personas, pero tal vez demuestra una sabiduría especial de parte de la esposa del pastor que siente el peso de las demandas diarias de su vida.

¿En quién puedo confiar entonces? En primer lugar en Dios, a quien puedo acercarme confiadamente "para alcanzar misericordia y hallar gracia para el oportuno socorro" (Heb. 4:16). En mi esposo, quien no es solamente el compañero de mi vida, sino un amigo y confidente con quien puedo compartir mi ser, y en aquellas personas especiales, familiares y nofamiliares, quienes me ofrecen su amor, su amistad y su aceptación. ¡Cuán favorecida soy! ¡Tengo en quién confiar!

LA ESPOSA DE PASTOR COMO ESPOSA

4

Que no se apague la llama

Edna Lee de Gutiérrez

La autora es oriunda de México. Allí cursó estudios en la Universidad Nacional, obteniendo el título de Traductora Parlamentaria.
La familia se trasladó a Nicaragua donde colaboró con su esposo en el pastorado durante siete años. En ese país, ella fue presidenta de la Convención Nacional Bautista de Nicaragua.
Es una talentosa escritora, autora de muchas obras. Actualmente la familia está radicada en México. Una de sus responsabilidades principales es ser presidenta del Departamento Femenino de la Alianza Mundial Bautista.
Es madre de tres hijos.

"Las muchas aguas no podrán apagar el amor, ni lo ahogarán los ríos. . ."
— Cantares 8:7a

"El amor nunca deja de ser. . ."
— 1 Corintios 13:8a

Los cuentos de hadas que leíamos siendo niñas, terminaban con la afirmación: "Y se casaron y fueron muy felices." Así, el matrimonio era la culminación de un anhelo y el logro de la felicidad. Casi para finalizar el siglo veinte, todavía hay jóvenes que llegan al matrimonio con mentalidad de cuentos de hadas, sin entender a cabalidad la responsabilidad que adquieren.

Quienes hemos gozado de la bendición de nacer y crecer en un hogar cristiano con padres responsables, hemos aprendido a través de su ejemplo que el matrimonio es compartir amor, fe y vocación de servicio. Que ser "muy felices" significa la presencia de Dios en la edificación y cultivo de la felicidad conyugal, en medio de las luchas y problemas que se tienen que enfrentar.

Ciertamente, cuando una pareja contrae matrimonio se está consumando la victoria de un amor, de una relación. Pero es necesario cuidarla con diligencia y cultivarla con delicadeza todos los días, bajo la dirección de Dios.

En una pareja donde el joven es ministro del Señor, no basta el triunfo del amor para llegar al matrimonio. Es necesario compartir una vocación común de servicio.

Cuando una señorita se enamora de un pastor, pero no está igualmente enamorada del ministerio al cual él ha sido llamado, haría bien en no casarse con él. Corre el riesgo de vivir una vida de insatisfacción y frustraciones que puede terminar conduciéndola por el camino de la amargura.

Ser esposa de un pastor demanda compartir su ministerio y sentirse realizada plenamente en la vocación del esposo. Esto no implica la anulación de la propia vocación, que el marido debe respetar. Se trata sencillamente de gozarse y sentirse orgullosa de que el compañero de la vida sea un ministro del evangelio. En este particular, adoptar posturas no nos va a hacer "muy felices" aunque aparentemente demos esa impresión. Para ser felices es necesario ser auténticas.

Hay otro riesgo que quisiéramos apuntar y es que algunas señoritas idealizan el ministerio pastoral y al contraer matrimonio sienten que se van a convertir en la "primera dama" de la iglesia, en la heroína del cuento que —si bien pasa muchas dificultades— siempre sale airosa de cualquier situación.

No. Ser esposa de un pastor no es posición de privilegio como podría entenderse a niveles humanos. Es posición de servicio que demanda humildad, sabiduría y amor; mucho amor. Amor divino que es sufrido, benigno; que no tiene envidia ni se envanece; que no se irrita ni guarda rencor; amor capaz de sufrirlo todo, creerlo todo, esperarlo todo. . . ¡y soportarlo todo!

Tal vez como algunos discípulos de Jesús, podríamos decir: "Dura es esta palabra; ¿quién la puede oír?" (cf. Juan 6:60). Dura ciertamente es, pero si hemos de creer a Jesús cuando dijo que su yugo era fácil y ligera su carga, ¿seremos capaces de aceptar el reto por amor a Dios y a nuestro esposo?

Ser esposa de pastor es vivir el gozo de una vida abundante.

Ser esposa de un pastor es entrar de lleno a la escuela de servicio en que el Señor nos irá forjando, paso a paso, para cumplir su voluntad en nuestra vida.

Ser esposa de pastor es bendición que no puede hipotecarse por un guisado de lentejas.

Ser esposa de pastor es ser muy feliz gozando del amor conyugal que se cultiva, la vida que se comparte, el ministerio que se ejerce, de tal manera que si estuviéramos nuevamente en posición de escoger, de nuestra libre y espontánea voluntad eligiríamos casarnos con un pastor. . . ¡pero con el mismo pastor!

Hay que conservar la identidad

En la creación, Dios hace la observación que "no es bueno que el hombre esté solo; le haré ayuda idónea para él" (Gén. 2:18). En los planes de Dios, la mujer es la ayuda idónea, capaz, suficiente, del hombre. Hombre y mujer se complementan en el matrimonio.

Cuando la esposa pierde su identidad como ayuda idónea del hombre, viene una crisis que podríamos atrevernos a calificar de teológica, porque deja de cumplir el propósito para el cual fue creada por Dios.

Nuestra identidad en la pareja es ser esposa de nuestro marido. En el medio de nuestras iglesias cristianas evangélicas y particularmente en los países de origen hispano, la imagen de la esposa ideal para el pastor es la de la mujer cristiana que se las ingenia para "repicar y andar en la procesión"; es decir, que está involucrada en todos los trabajos de la iglesia. Sabemos que hay congregaciones que, cuando están considerando llamar a un pastor, quieren saber en forma prioritaria quién es y cómo es su esposa.

No vamos a considerar aquí esta situación compleja. Sólo

deseamos apuntarla como un factor que influye en la esposa del pastor cuando, en su deseo de servir al Señor y ser compañera idónea de un siervo suyo, olvida su función como esposa de su marido.

Por otro lado, ¿cómo guardar el equilibrio entre ser esposa de un ministro e hija de un Padre a quien amo y deseo agradar en todo?

Principiemos honrando a nuestro Padre siendo esposas amantes y fieles de nuestro marido. Si nuestro esposo es feliz a nuestro lado, si su corazón está confiado en nosotras, si le damos bien y no mal todos los días de su vida, indudablemente la iglesia tendrá un pastor que libremente y sin estorbos podrá ejercer su ministerio bajo la dirección del Espíritu Santo.

Recordemos también que nuestros hijos conocen primeramente la relación matrimonial como espectadores y cuando llegue el momento para ellos de aceptar el vínculo matrimonial, llevarán a su hogar las experiencias vividas en el seno familiar: experiencias que pueden ser herencia de bendición o hipoteca.

La relación se cultiva

El matrimonio, como comunidad de vida de dos personas sexualmente diferentes, presupone en ambos una capacidad fundamental de *amor* y *confianza* como base. Se ha dicho que el hombre y la mujer son aptos para el matrimonio en la medida en que lo son para amar y confiar.

La vida matrimonial es un camino en el cual se va avanzando paso a paso. Su madurez y plenitud es tarea que se realiza progresivamente, que va creciendo y adquiriendo un perfil cada vez más definido. Como cristianos que nos reconocemos creados a imagen de Dios y hechos hijos de Dios en Jesucristo, hemos de cultivar nuestra relación con la fuerza del amor y la confianza.

El amor se cultiva en los pequeños detalles.

A través del orden y la limpieza de la casa (¡tarea harto difícil si se vive en la casa pastoral!); la preparación del alimento diario; la consideración del presupuesto familiar para no gastar más de lo que se tiene; el cuidado de la pulcritud personal y la del esposo, la mujer manifiesta su amor por su marido de una manera práctica.

Es difícil para algunas mujeres aceptar que el quehacer que

desempeñan dentro del hogar tenga algo que ver con el cultivo del amor, pero estos pequeños detalles hacen de una casa un hogar y de una mujer una esposa.

Al hacer del hogar un lugar amable, grato, donde nuestro esposo descansa y se siente seguro, indudablemente estamos comunicando un mensaje de cariño.

Por otro lado, las esposas —y particularmente las de los pastores— necesitamos sentirnos amadas y apreciadas. En términos generales, los pastores no son los mejores esposos: afanados como están por el ministerio de la iglesia, por los problemas de los hogares, por las demandas del mundo actual, descuidan su hogar y su familia. Tienen tiempo para escuchar a muchas esposas afligidas, ¡menos a la propia! ¡Qué bueno sería que los ministros incluyeran en su agenda para talleres o retiros ministeriales, alguna conferencia sobre "Cómo ser esposos" o "Cómo cultivar el amor conyugal"!

Hay cosas insignificantes tal vez que el hombre pasa por alto y para la mujer son importantes. Por ejemplo, no olvidar el día del cumpleaños o el aniversario de bodas. El regalo no es lo que cuenta, sino el hecho de recordar una fecha significativa.

Hay que hacerse tiempo para compartir. Con mucho cariño y gratitud recuerdo a un joven de la Primera Iglesia Bautista de Managua, hoy ministro bautista y respetable esposo y padre de familia que, de vez en cuando, llegaba a la casa pastoral ofreciendo quedarse un rato con nuestros hijos pequeños, para que mi esposo y yo pudiéramos salir a caminar y conversar, gozando de la tibieza de las noches tropicales de Managua y de un momento de compañía. . . sin interrupciones.

El amor que se cultiva va haciendo cada día más fuertes y profundas sus raíces. Por eso las muchas aguas no pueden apagar el amor, ni lo ahogarán los ríos. El amor de la pareja joven que se desborda como catarata incontenible, va dando paso al amor de las "graves ternezas de los años maduros" —como escribiera el poeta mexicano Amado Nervo. La identificación de la pareja que cultiva cuidadosamente su relación es tal, que se llega a pensar como una sola persona, a palpitar al mismo ritmo del corazón y a comprender a cabalidad el misterio de que *dos son una sola carne*.

Pero ha de cultivarse también la confianza como fuerza

estabilizadora del matrimonio, para evitar que el miedo, la inseguridad, el resentimiento, puedan convertirse en sentimientos dominantes en la relación de la pareja.

Marido y mujer hemos de estar confiados el uno en el otro. Los celos no se plantean en una pareja que se ama. Pero la confianza implica mucho más: es integridad en la relación; capacidad de ventilar los problemas o diferencias en la intimidad; discreción y sabiduría para no quejarse o hablar mal el uno del otro frente a otras personas; comprensión y ayuda cuando a cada uno nos llega la prueba del desequilibrio en nuestras emociones o el descontrol en el temperamento e incluso la debilidad en la fe.

Pastor y esposa hemos de cultivar la capacidad de "guardarnos las espaldas" uno al otro. Y no se trata de hipocresía o apariencia, sino de amor, respeto y un alto sentido de la dignidad del ministerio que compartimos, que no debe ser afectado por nuestra flaqueza humana.

El ministerio afecta a la pareja por cuanto la demanda bíblica al pastor es su capacidad de gobernar su propia familia para calificar como dirigente de la iglesia. No se puede soslayar la responsabilidad de apacentar la grey de Dios, cuidando de ella con ánimo pronto, no como teniendo señorío sobre quienes están bajo su cuidado, sino siendo ejemplo de la grey (cf. 1 Ped. 5:1-3).

Por ello, si la esposa juega un papel decisivo en la vida de todo hombre, tratándose de un siervo de Dios es de incalculable valor. Ha de recordar que el pastor es su esposo y suya la responsabilidad directa de la grey. La esposa está para apoyar, para orar, para compartir opiniones, pero no debe asumir el lugar que le corresponde a su marido. Hacerlo en detrimento del esposo, no es amar.

No estamos exentos de crisis

En un retiro para esposas de pastores, una joven esposa me comentaba que en ocasiones los miembros de las congregaciones tienen la idea de que el pastor y su esposa no tienen problemas. En un sentido, si son siervos de Dios, deben ser impecables.

No es así. Por el contrario, somos conscientes de que el enemigo está al acecho y procura siempre atacar a los dirigentes espirituales para desmoralizar a los creyentes. Su táctica de guerra es: "Hiere al pastor, y serán dispersadas las ovejas" (Zac. 13:7b).

Las causas de la crisis en la pareja pastoral son diversas y los problemas complejos. En ocasiones, el pastor descuida a su esposa por estar muy ocupado en su ministerio. A veces, es la esposa quien se rebela al enfrentar las demandas del pastorado y en el mejor de los casos logra superar la crisis aparentemente, pero vive con un sentido de frustración y amargura.

Algunas esposas han logrado que sus maridos abandonen el ministerio para dedicarse a otra actividad que consideran más lucrativa o de mayor prestigio. Pero eso no logra hacerlos felices, porque en el fondo se sienten fracasados y hay un enorme sentido de culpa porque "irrevocables son los dones y el llamamiento de Dios" (cf. Rom. 11:29).

Lo más grave es que los problemas de la pareja pastoral trascienden sus fronteras íntimas y tienen repercusiones en la congregación que ministran.

Es interesante notar que en la Escritura los períodos de infidelidad y apostasía del pueblo de Dios, coinciden en algunos casos con la bancarrota espiritual en que se encontraba el hogar de sus dirigentes. No se nos oculta que hubo mujeres como Séfora y Mical, esposas de siervos de Dios que fallaron tristemente en su idoneidad.

Séfora, esposa de Moisés, expresó con palabras apasionadas su disgusto por tener que circuncidar a su pequeño hijo yendo de camino de Madián a Egipto y le llama "esposo de sangre". Es probable que luego de esta situación, Moisés haya decidido que su esposa volviera a la casa de su padre.

Mical, esposa de David, malinterpretó el celo y el gozo de su esposo por haber devuelto el arca de Dios a Jerusalén y con palabras acres le reprocha su devoción, considerando que se había denigrado delante del pueblo.

En ambos casos, de la abundancia de su corazón habló su boca.

Es alarmante en la actualidad el número de parejas pastorales que han fracasado en su relación conyugal, por no haber controlado un disgusto o por malinterpretar el fervor espiritual de un esposo.

¿Cómo conciliar la afirmación de la Escritura que dice que

"el amor nunca deja de ser", con el divorcio de hecho o legal de algunas parejas pastorales? ¿Es que el amor deja de ser?

¿Es que la vida, a veces difícil, de una pareja pastoral, logra vencer sus sueños y expectativas de proyección común en el servicio a Dios y a sus semejantes?

¿O es que la falla ha estado en la falta de cultivo y cuidado del amor, en darlo por sentado y dejar que se marchite por la falta del rocío refrescante de nuestras expresiones de cariño?

El hombre, creado por Dios a su imagen y semejanza, tiene la disposición natural de amar y ser amado; pero es necesario cultivar esta disposición para convertirla en una potencia activa.

Cuando la relación matrimonial como comunidad de amor es débil e inestable, de manera inconsciente hombre y mujer se van retirando uno del otro para volcarse en los hijos, en la iglesia, en el ministerio; y la incapacidad de cultivar el amor se sublima con todo tipo de justificaciones. "Me pusieron a guardar las viñas; y mi viña, que era mía, no guardé" (Cant. 1:6b).

Es el amor de los esposos el que ayuda a guardar mesura y equilibrio no sólo en la relación con los hijos sino con la iglesia que se ministra.

El ejemplo es el mejor mensaje.

5

¿Tengo que compartir a mi esposo?

Rode de Mussiett

La autora es oriunda de Chile.
Es maestra de Educación para el Hogar, y ha ejercido esta vocación durante mucho tiempo.
Actualmente trabaja con su esposo como "Pastores Evangelistas" recorriendo todo el país. Ella se ocupa de las señoras, señoritas y los niños.
Participa de la obra bautista a nivel local y nacional a través de la Convención de Iglesias y la Convención Femenil, de la que ha sido presidenta en tres períodos.
Tienen siete hijos, de los cuales dos son pastores y una hija está casada con un pastor.

Quisiera, con la ayuda del Señor, ser muy objetiva y sincera al hablar del tema de compartir al esposo.

En primer lugar, tengo que decir que esta pregunta parece nacer de una persona que tiene una cantidad razonable de lo que llamamos celos.

Según el *Diccionario Enciclopédico Sopena,* celo tiene diferentes acepciones:

1. Impulso íntimo que promueve las buenas obras. Podemos citar como ejemplo el Salmo 69:9; en este caso el celo es positivo.
2. Actividad y eficacia en el cumplimiento del deber. Un ejemplo de esto se ve en Gálatas 4:18. Su uso en este pasaje se refiere al celo positivo.

3. Cuidado vigilante y afectuoso de la gloria de Dios. Por ejemplo, Exodo 34:14; también positivo.
4. Rivalidad o envidia. Por ejemplo, Hechos 13:45; Santiago 3:14, 16. En este caso, los celos son negativos.
5. Temor, sospecha de que la persona amada haya mudado o cambiado su cariño, poniéndolo en otra persona.

Ahora que conocemos las diferentes acepciones de lo que significa celos, podemos mirar con más calma lo que implica que un ser humano creado a la imagen de Dios sienta cierto tipo de celos. Conviene partir de la base de que todo ser humano tiene una cuota de celos.

Dios quiere exclusividad para él, no desea que lo compartamos con otros dioses falsos y se nos declara como un Dios fuerte y celoso. De la misma manera el ser humano, hecho a su imagen y semejanza, quiere exclusividad para él de parte del ser amado. En cierto modo, es justo que si un hombre y una mujer prometieron delante de Dios amor y fidelidad hasta que la muerte los separe, cumplan su promesa fiel y cabalmente.

Hay hombres y mujeres que, una vez casados, quieren seguir actuando como si estuvieran solteros, aceptando insinuaciones y aun situaciones muy comprometedoras para ellos que hacen pensar mal a los demás.

San Pablo, en 1 Tesalonicenses 4:22 dice: "Absteneos de toda especie de mal." En otras palabras, dice que debemos evitar todo lo que lleve a pensar mal de nosotros y de otras personas. En realidad, tú tienes la seguridad de que no ha pasado nada, pero ¿por qué haces que los demás piensen lo que no es? Eso también es malo y debemos evitarlo.

Habiendo tratado el tema en general, nos abocaremos ahora a un aspecto más personal, como es la pregunta que atañe a las esposas de pastores: ¿tengo que compartir a mi esposo?

El pastor de una iglesia es una figura pública, como lo es también un médico, un dentista, un abogado. Inevitablemente, el pastor debe tratar con muchas personas que llegan a él buscando consejos, ayuda espiritual y hasta material en algunos casos.

Antes del matrimonio conviene que la pareja hable de esto, especialmente cuando el joven pastor va a casarse con una señorita que no fue llamada por el Señor a un ministerio especial. Puede ocurrir también que esa señorita no provenga de un hogar cristiano y sea una nueva creyente que no está muy familiarizada con la tarea pastoral. Cualquiera sea el caso, conviene conversar de esto previamente. La futura "ayuda idónea" debe estar al tanto y tener un concepto claro de lo que será su vida junto al hombre a quien Dios llamó. Conviene que esto se sepa y se converse con anticipación para irse preparando porque, de lo contrario, luego vendrán las sorpresas que son muy difíciles de asimilar.

Quisiera ahora, amada colega que lees este libro, hablarte de mi propia experiencia. No lo hago para tratar de que seas como yo, sino simplemente porque pienso que, de alguna manera, algo de mi experiencia te puede ayudar.

Desde pequeña se me enseñó en casa, en el colegio y en la iglesia, que había que compartir con los demás. Pero lo que más influyó e impulsó positivamente en mí fue el ejemplo de mi madre. Ella era una mujer extraordinaria en eso de dar y darse a los demás, y siempre la vi feliz por ello. En Proverbios 11:24, 25 dice, "Hay quienes reparten, y les es añadido más; y hay quienes retienen más de lo que es justo, pero vienen a pobreza. El alma generosa será prosperada; y el que saciare, él también será saciado". Esto me hace pensar en que nada de lo que poseemos, y que el Señor en su bondad nos ha dado, es de uso exclusivo al que lo posee. Si sabemos compartir las bendiciones recibidas, nuestras vidas serán enriquecidas más y más. Esto no sólo es válido para algunas cosas sino para todo en nuestra vida. . . incluso nuestra persona.

Quisiera contar mi experiencia en este sentido, porque creo que con algún propósito el Señor permitió que me asignaran esta parte tan delicada y pienso que no es mera coincidencia, sino que estaba en sus planes porque yo puedo hablar por experiencia.

Conocí a quien ahora es mi esposo en las vacaciones de invierno de 1949. El es el segundo hijo del pastor Salomón Mussiett, un gran siervo del Señor en nuestro país y que, en ese entonces, tenía una hermosa familia compuesta por diez hijos. Lo curioso era que yo conocía a toda la familia, menos a uno de los hijos. En la ciudad de Chillán donde vivíamos, fui compañera de curso de una de las hijas, y mi hermano fue compañero de cuarto de los hijos menores. Al único que no conocía era a Luis, pues él estudió en el Colegio Bautista en Temuco y después en Santiago. Más tarde fue a trabajar al sur del país y fue el ayudante del pastor de la Primera Iglesia Bautista en Temuco.

Allí se dio cuenta claramente del llamado del Señor al ministerio y decidió prepararse ingresando al Seminario Teológico Bautista en Santiago. Cuando fue de vacaciones a su casa en Chillán yo pude conocerlo personalmente. Cuando nos vimos, ambos nos sentimos atraídos, pero empezamos a escribirnos como amigos. En el verano siguiente viajé a Temuco para tomar unos cursos de extensión que la Universidad de Chile dictó en esa ciudad. Allí asistí a las reuniones de la Convención Femenil Misionera. En el culto especial de clausura el Señor tocó nuevamente mi vida, ahora llamándome a un servicio especial. Yo fui una de las muchas que aquella noche memorable aceptaron el desafío del Señor. Días más tarde, Luis me declaró su amor y comenzamos un hermoso romance. Presenté mi solicitud al Seminario, fui examinada por la Comisión y quedé aceptada para el año 1951. Por carta y en los cortos períodos que podíamos estar juntos, todo era hermoso. Pero cuando llegué al Seminario y estábamos rodeados de compañeras y compañeros de estudios las cosas empezaron a cambiar. Cuando alguno de mis compañeros me invitaba a estudiar juntos, Luis se enojaba. Lo disimulaba muy bien, y nadie imaginaba lo celoso que era. Yo lo soportaba en silencio hasta que me empecé a cansar un poco de esta situación absurda puesto que sus celos eran injustificados.

Después nos casamos y la situación continuó. ¿Qué podía hacer? Volví mis ojos al Señor y comencé a orar. Hablé también con mis suegros y les conté lo que pasaba. Mi suegro le aconsejó con amor y firmeza; su experiencia y ejemplo le daban autoridad. Yo seguía orando y pidiendo al Señor que él arrancara de raíz esos celos. Era lo único negativo que encontraba en mi esposo. El Señor obró en forma maravillosa como siempre que oramos con fe.

Cierto día, mi esposo se sintió muy mal. Cuando fue al médico, este, que era cristiano, le hizo radiografías y un examen general y luego le dijo: "Aparentemente, por lo que muestran estos exámenes, estás bien; no encuentro nada que provoque estos dolores", y luego de una pausa agregó "¿no será, hombre, que tú eres muy celoso?; algunas personas se enferman de puros celos." Mi esposo daba gracias de que el lugar estaba bastante oscuro y así el doctor no podía ver su cara, pero se sintió muy mal. Esa noche me comentó la experiencia con el médico. Yo vi en esto la mano del Señor y aproveché para hablarle de sus celos infundados. Hablando calmadamente le hice razonar también en lo siguiente: "Luis, tú eres muy bueno para predicar en campañas de evangelización. Recibes invitaciones de muchas iglesias. ¿Vas a llevarme siempre contigo? Sabes que no podrás. ¿Por qué no aprendes a confiar en mí así como yo confío en tí?

Todo resultó maravillosamente. Mi esposo aprendió a confiar en mí y de ahí en adelante nuestro matrimonio ha sido muy feliz. El salía a predicar en campañas de evangelización y yo me quedaba y ayudaba en la iglesia todo lo que podía. Luego yo ocupé cargos en la obra femenina de mi país y viajé por los siete Distritos de mi nación. Salí muchas veces al extranjero y jamás mi esposo ha tenido reproches para mí. El Señor con su gran poder le sanó de aquellos celos enfermizos.

A veces la situación es a la inversa y la celosa es la esposa. Ya dijimos que el esposo es una figura pública y es requerido por muchas personas. Hay veces que hermanas bien parecidas u otras muy inteligentes con cargos seculares muy reconocidos llegan al pastor buscando ayuda. Sienten un vacío espiritual, necesitan ayuda, guía y dirección para sus vidas. Buscan al pastor porque saben que él les puede aconsejar y orar con y por ellas.

Otro caso es el de la visitación. Allí está esa hermana viuda con hijas casaderas a quien el pastor visita para darles aliento y fortaleza. Todo buen pastor que quiere ver crecer su grey sabe que debe visitar a todos los hermanos, sin distinción de sexo.

Un tercer caso es el de las responsabilidades convencionales o asociaciones que lo mantienen ocupado y lejos de casa por mucho tiempo.

En todos estos casos, y muchos otros, hay esposas que se sienten relegadas, postergadas, y, en vez de amar el trabajo que su esposo realiza, empiezan a verlo como un enemigo del cual sienten celos.

Amada hermana y colega, si tú estás en esta condición, este capítulo es para ti. He orado al escribirlo porque anhelo que sea de bendición y te ayude a salir del túnel en que te encuentras. Con ese espíritu es que quisiera darte algunas sugerencias.

Ora; la oración de fe puede mucho. Ora con fe, no por si acaso. Satanás es una presencia real y no desea tu tranquilidad. El quiere tu confusión, tus dudas, tu dolor. Pide al Señor sabiduría para ayudar a tu esposo positivamente y él te ayudará. El hará que te anticipes a cualquier situación conflictiva y sepas dialogar con tu esposo para encontrar qué es lo mejor para el matrimonio y el ministerio.

El diablo trabaja dentro de la iglesia. A veces canta en el coro, o enseña en la escuela dominical, o asiste a la Sociedad de Señoritas o participa de la Unión Femenil. A ti te atacará usando los celos. Y, en cuanto a tu esposo, siempre habrá "mujeres de Potifar" y "Jezabelas" en la iglesia cuyo blanco serán los pastores, diáconos y líderes de la misma.

Necesitamos la sabiduría que da el Señor para saber actuar en cada ocasión. La tarea no es fácil; ser ayuda idónea es complicado cuando se trata de hacerlo con fuerzas humanas. Pero tú y yo podemos ser victoriosas en este aspecto si sabemos identificar el problema, llevarlo a Dios en oración y dialogar con el esposo. Espéralo de manera atractiva, alegre y cariñosa, aunque hayas tenido un día de trabajo pesado en el hogar y con los niños. No empieces a regañarlo apenas traspasa el umbral de la casa, ni le digas que el trabajo de él es aliviado, que sale a visitar hermanas buenas mozas que le atienden bien mientras que tú has estado encerrada en la casa, luchando con los hijos. No empieces a lloriquear y menos a gritar y enojarte. Por el contrario, serénate, relájate, pídele al Señor más amor y comprensión. Cuando llegue tu esposo, salúdalo con cariño, habla de cosas triviales, muestra interés en lo que hizo ese día, deja que te cuente. En la noche, dile con amor lo que tú sientes. Explícale que tú no tienes celos enfermizos, que confías en él pero que quizás, por el bien del matrimonio y del ministerio, pueden ponerse de acuerdo en ciertas cosas. Tú puedes acompañarle en la visitación, especialmente cuando debe ir a hogares donde hay mujeres solas. O en el caso cuando él debe conversar en su oficina con esa persona algo provocativa, recomiéndale que, para otra vez que le pida hablar en privado con él, no esté solo sino con un diácono o una hermana mayor. Esto contribuirá a su propia seguridad y a la de su ministerio.

Personalmente, aprendí que en mi caso siempre da resultado dialogar con calma y tranquilidad en la noche, cuando los niños están acostados. Ese es el momento de compartir nuestras cosas, expresar aquellos pensamientos que nos preocupan, buscar juntos la dirección del Señor e intercambiar sugerencias en cuanto a la mejor manera de actuar en cada caso. De esta manera ambos demostrarán su confianza mutua y el deseo de evitar conscientemente tanto los celos como las actitudes que pueden provocar la desconfianza del compañero.

Lo que hemos dicho anteriormente no es fácil ni se consigue de un día para otro. Será prácticamente imposible lograrlo solamente con nuestras propias fuerzas. Pero en el poder del Señor y con el auxilio del Espíritu Santo del cual obtenemos llenura mediante una vida de oración, todo será más fácil. Podremos así mantener un perfecto equilibrio, sabremos cuándo hablar y cuándo callar, reconoceremos la mejor forma de hacerlo y el momento más indicado.

Si tú te has dado cuenta de que tienes esa tendencia hacia los celos excesivos, pide perdón al Señor. Luego, con sinceridad y fe pídele que te ayude a meditar y aceptar lo siguiente:

1. Mi esposo, como cada cosa que poseo y de la cual yo soy mayordoma, no es absolutamente mío. Como parte de ese ministerio al cual Dios le llamó, él se debe a los demás. Yo debo compartirlo. Oraré cada día por él, para que el Señor le guarde del mal y le bendiga en su ministerio.

2. Me siento dichosa porque mi esposo confía en mí. Esto me da tranquilidad y me hace feliz. De la misma manera, yo también voy a confiar en él.

3. Reconozco que el Señor le llamó a ministrar a todos los miembros y simpatizantes de la iglesia, como también a todos aquellos que necesitan de su ayuda. Las mujeres son parte de esa grey a la que él debe apacentar.

4. Evitaré recriminaciones o palabras duras hechas en público, aunque sean hechas en tono de broma.

5. Me esforzaré, junto con mi esposo, por mantener en nuestro hogar el culto familiar. Allí podremos orar con los hijos por el ministerio del papá y encomendarlo al cuidado protector de Dios cuando esté realizando su trabajo solo.

6. Con la ayuda del Señor, haré mías las palabras de 1 Juan 4:18 donde el Señor dice: "En el amor no hay temor, sino que el perfecto amor echa fuera el temor, porque el temor lleva en sí castigo. De donde el que teme, no ha sido perfeccionado en el amor."

6

¡Mi esposo nunca está en casa!

Beatriz de Missena

▪ ▪ ▪ ▪ ▪ ▪ ▪

La autora nació en Uruguay, pasó su adolescencia y juventud en Argentina, y luego se radicó en Paraguay donde sirve al Señor junto a su esposo. Se graduó de sus estudios teológicos en el Seminario Bautista de Argentina y cursó estudios de la lengua inglesa en la Universidad Nacional de Paraguay.
Participa activamente en la obra convencional del Paraguay, de la que fue presidenta, como también en el Hospital Bautista.
Participa en el ministerio de enseñanza de la iglesia y es profesora en un colegio secundario.
Tiene cuatro hijos y tres nietos.

¡Es cierto! ¡Mi esposo está fuera del hogar mucho tiempo! El año pasado sólo un tercio del año estuvo en casa. Bueno, no precisamente en casa; de esos días tendríamos que descontar los que usó para compromisos locales. Realmente, yo no llevé la cuenta, fue él quien me dio el dato. Aunque sentí su ausencia, no soy capaz de llevar ese tipo de cuentas para autocompadecerme, presionarlo o hacerme la mártir ante los demás.

Sin lugar a dudas, la ausencia del compañero, esposo y amigo se siente mucho; pero cuando esa ausencia tiene que ver con el reino de Dios, entonces no produce tristeza ni soledad. Esto tiene que ver con el propósito de vida de ambos y la seguridad diaria de que estamos caminando en la voluntad de Dios.

De vez en cuando recibía llamadas telefónicas o visitas de amigos y hermanos que, con buenos deseos, trataban de consolarme. Creo que a los pocos minutos de hablar todos ellos se habrán dado cuenta de que no necesito consuelo de soledad porque comparto el ministerio de José como propio y vibro con sus sueños en cada país y me apeno con sus penas de trabajo y oro por todo ello.

La iglesia a la cual pertenecemos tiene sólo tres años de organizada y hay un hermoso compañerismo que está edificado en el interés por cada persona, el amor y la dependencia de Dios en oración. Ella ora por José y por cada lugar donde él esté y me muestra su cariño de muchas maneras.

Nuestros hijos casados saben dónde está papá y frecuentemente telefonean a casa para tener noticias. Es tan estrecho el círculo de amor que no lo dejamos solo ni nos sentimos solos. El hijo soltero y el niño mantienen fresco su recuerdo con tareas que deben cumplir. En las reuniones familiares extrañamos su buen humor y hasta los nietos entran a casa preguntando por el abuelo.

Al leer esto usted estará pensando: "¡qué maravillosa relación!"; pero permítame decirle que esto no fue siempre así. Confieso haber pasado días negros y haber vivido en el doloroso valle de la maduración. De esto no hablo con frecuencia, sólo lo hago cuando sé que puede ser de bendición; sólo eso me anima a contar situaciones personales.

La ausencia temporaria del esposo, padre y pastor se siente en diferentes áreas. La esposa lo siente, los hijos lo sienten y también la congregación toda. En ese tiempo la tarea de la esposa del pastor se ve aumentada en esas tres áreas.

Pero yo quisiera dedicarme aquí a compartir mi experiencia en el área matrimonial. Dios tuvo que trabajar duro conmigo y aún no terminó, para que yo aprendiese a llevarme bien con la soledad.

Bueno, verá usted a una mujer que gozó al máximo la dependencia de sus padres, y después, la del esposo. ¡Qué vida fácil fue esa! Pero sucedió un día cualquiera, sin fecha, que esa joven tuvo que empezar a enfrentar la vida, así como la vida se presentara.

Juventud y sueños

En el hogar de mis padres en Uruguay y después en Argentina, tuve amor, cuidado, protección y hasta sobreprotección. Cuando salí de casa a los 18 años para ingresar al Seminario Internacional Teológico Bautista en Buenos Aires, Argentina, me sentí muy sola. Era la primera vez que salía de casa y no sabía tomar decisiones, ¡ni siquiera sabía qué vestido ponerme! Fue en ese tiempo cuando conocí a José, el "paraguas", como le decían los compañeros argentinos al paraguayo José Missena. Al conocerlo me sentí muy atraída por su seguridad y fue fácil enamorarme de él. Bueno, eso de conocerlo no sólo se refiere a lo físico, sino también a lo agradable que era oírlo hablar, sentir su alegría, su entusiasmo y optimismo, conocer sus metas, sus sueños, ver su consagración al servicio del Señor, oír de sus carencias y, sobre todo, sentirme protegida.

El es algo más de cuatro años mayor que yo y, por haber tenido que vivir huérfano por tanto tiempo, podía tomar decisiones sobre la marcha, sin dudar mucho. ¡Cuánto lo admiraba!

Naturalmente, no compartimos los mismos gustos, pero como lo dije en el pasado, lo digo hoy 34 años después de haberlo conocido: "Fue Dios quien nos unió."

Con la base de tener un alto concepto de lo que es ser esposa, más la admiración y respeto que sentía por el hombre amado, más la seguridad de estar en la voluntad de Dios, me sentí orgullosamente capacitada para ser esposa.

En mi niñez leí todos los libros misioneros de la época. Vera de Orrick, la esposa de mi pastor, me los prestaba y luego los comentábamos. Aunque era sumamente tímida, soñaba casarme con uno de esos misioneros fuertes, audaces, dispuestos a dar sus vidas por el evangelio. El "mío" era negro, fuerte y un gigante espiritual.

Cuando llegué a ser joven seguí soñando; nadie me dijo lo que significaba ser esposa, ni yo se lo pregunté a nadie.

Cuando José viajó a Uruguay para formalizar nuestra relación de novios, mi madre le dijo que yo no sabía hacer nada y que no le serviría para nada porque él no podría ofrecerme lo que mis padres me habían dado. Eso hubiera ofendido a cualquiera, pero José contestó: "Bueno, señora, si a usted no le ha servido, démela a mí porque estoy seguro de que me va a servir." Demás está decir que mi madre se escandalizó de tan osada respuesta. Hoy nos reímos de la ocurrencia.

Para mi madre yo era una desubicada de la realidad que me esperaba. Pienso que también José era un soñador, pues no creo que haya pensado mucho en las condiciones de la chica con la que quería casarse. Dos seguridades estuvieron presentes en todo tiempo; una es que José y yo nos amamos, y la otra es que estamos plenamente convencidos de que Dios nos llamó para servirle.

Mi mente empezó a disponerse para las tareas que me esperaban: lavar, planchar, cocinar, administrar. Hasta el pastor de la iglesia donde realizaba la Obra Práctica del Seminario me prestaba libros sobre el sexo y hablaba a solas con José sobre el tema.

El noviazgo es un anticipo

Cuando las relaciones de novios se formalizaron, entonces empezamos a pensar en casarnos. Nuestro noviazgo duró dos años y medio. En ese tiempo compartimos muchos intereses y actividades, trabajamos en la misma iglesia, orábamos juntos y separados, pero siempre orábamos el uno por el otro. Salir a pasear con él y charlar libremente de nuestros planes o de cómo estábamos administrando nuestro dinero, o estudiar juntos nos ayudó a conocernos mejor.

Poco a poco aprendí a depender de él, y tratar de agradarle era mi placer. Eso significó que tuve que dejar muchas pequeñas cosas para mantenerme gustándole y para acostumbrarme a lo que él decía era "como vivían en Paraguay". Ese vestido, ¡no! Aquel par de zapatos altos, ¡no! Este sombrero ¡no! (en ese tiempo se usaban) y así aprendí que ya no era yo la única que podía opinar sobre gustos. Pero fui cambiando con placer.

Cada uno de nosotros tenía su propio dinero, pues trabajábamos cada cual por su lado y recibíamos algo de ayuda de afuera. El era excelente para ahorrar y yo excelente para gastar. En realidad, no tuve demasiado para derrochar, pero mis "finos" gustos eran caros. José no me invitaba a lujosos restaurantes, pero lo hacía a pizzerías o cafeterías. Tampoco me llevó al estreno de obras teatrales o musicales, pero muchas veces fuimos a los últimos ensayos de grandes orquestas dirigidas por esos maestros de fama mundial; esto se presentaba gratuitamente a estudiantes. ¡Qué aventuras eran aquellas! Pero debo decir que ese sentido de lo real y del ahorro me hicieron admirarlo más.

Nuestro acercamiento físico era normal y con mucho control, eso me hacía sentir una novia bien amada.

Aprendí que cuando él hablaba decía lo que pensaba, fuera algo bueno o no. Unas cuantas veces me sentí avergonzada por su franqueza, pero aprendí a aceptarlo así, pensando que era parte de su cultura.

El era (y es) extremadamente puntual y en dos ocasiones me dejó "plantada" y tuve que ir sola a la iglesia por no estar preparada para salir a la hora convenida. Me ofendí por un rato, pero me gustó su firmeza.

Cuando nos casamos yo creí conocer a mi pareja y estar bien preparada para el matrimonio.

El engaño de la esposa sumisa

Después de haber salido de un hogar que me protegió tanto y luego de conocer a José que me mostró su amor protegiéndome y diciéndome cómo vivir, ¿qué más podía desear?

Así pasaron los primeros años de la "ejemplar esposa sumisa", que se daba fuerzas repitiendo de memoria Proverbios 31 o leyendo lo que el apóstol Pablo decía a las esposas. Creo que mi problema más doloroso estuvo en el abismo que había entre lo que pasaba por mi mente rebelde y lo que yo creía que Dios quería de mí. Muchas veces escribí mis pensamientos y mis oraciones, y después rompía todo lo escrito pues no quería que descubrieran mis pensamientos. En esa lucha surgieron reflexiones como esta:

¡Sola! ¿Quién nace preparada para estar sola?
¿Quién no lucha con la soledad?
Soltera, casada, separada o viuda
enfrentan esta realidad.

¡Sola!. . . pero miembro de una Iglesia Viviente
que me mantiene rodeada de gente
o con familiares cercanos
y mucho trabajo entre manos.

¡Sola! ¡Paradójico sentimiento!
"No os dejaré solos", dice el Señor
y como cristiana ¡lo creo!
pero cuán falsa me veo
cuando en mi realidad no lo siento.

¿Sola? ¡No! ¡Yo no estoy sola!
Pero algo pasa en mi vida
que distorsiona mi fe
y quita vida abundante
a una hija del Rey.

Muchas otras reflexiones salieron de mi corazón cuando era joven. Mi esposo ocupaba mucho de su tiempo trabajando en la iglesia y yo me sentía sola en un país extranjero, entre las tareas domésticas y, luego, ocupada en la atención a los hijos.

Ahora pienso que la soledad que se siente en algún momento de la vida tiene que ver con inseguridades de realización personal, falta de confianza en la pareja y, sobre todo, la falta de fe en el cuidado de Dios. También pienso que cada persona tiene su propio tiempo de madurar, de encontrarse a sí misma, de reubicarse en el plan de Dios y de relacionarse correctamente con los demás.

Fue entonces cuando comencé a vivir en forma doble. Acepté que él administrara porque yo no sabía hacerlo, pero en mi interior sufría y me avergonzaba.

Aprendí a cocinar y, con mucha timidez y temor de haberlo hecho mal, presentaba los platos exponiéndome a la crítica.

Lavé las ropas y lastimé mis manos, cosa que me hizo sentir incapaz o "buena para nada", como dicen en Paraguay.

Soporté con valor el hecho de que hablaran en guaraní personas que podían hacerlo en español, pero me sentí rechazada, no querida.

No discutía con mi esposo porque creía que hacerlo me haría ser mala esposa, pero deseaba aclarar unas cuantas cosas.

Cuando el médico me dijo que difícilmente podría llevar un embarazo a término, caminé del Sanatorio al Seminario llorando y lamentando no poder dar hijos a mi esposo que tanto ama a los niños. Sin embargo, guardé una apariencia de indiferencia.

Además de esta vida dividida, traté de ser dependiente de mi esposo en todo lo que pude. Aquí estuvo la raíz de esa supuesta soledad contra la cual luchaba.

Principio de rebeldía

Sucedió poco a poco. Fue como empezar a romper la cáscara del huevo y sentir que se respira bien afuera. Comenzó el proceso de madurar y a la vez una lucha abierta contra mis sentimientos, mis creencias, el "qué dirán" y todo aquello que uno tiene que poner en orden.

Un día desperté y comencé a exigir oportunidades y esperé respuestas. "¿Cómo voy a aprender a hacer compras si no me das la oportunidad de hacerlo?" "¿Quién puede aprender a administrar sin dinero?" "¿Cómo quieres que me alcance el tiempo para hacer todas las tareas de la casa y las de la iglesia si no tengo ayuda?" "¿Por qué permites que no me incluyan en la conversación cuando estoy presente?" "¿Por qué decidiste tal o cual cosa sin consultarme?" "¿Qué parte me corresponde en tu contrato matrimonial?" Estas y muchas otras preguntas asustaron a mi esposo, quien un día en son de broma (¿o en serio?) dijo: "Esta no es la persona con quien me casé."

Insistí en que se contestaran cada una de mis preguntas, lo hice con seriedad como quien busca la verdad. No tengo resentimientos, ni tuve amarguras, aunque sí el dolor que dan las crisis y los cambios. Finalmente, ambos aprendimos mucho.

Por años guardé mis pensamientos creyendo que eso agradaba a Dios, y lloraba delante del Señor contándole sólo a él lo que sentía.

Poco a poco, el Espíritu Santo me fue mostrando que la soledad que yo sentía y que tanto me molestaba era el resultado de una serie de errores.

Tiempo de detectar errores y corregirlos

El Espíritu Santo hizo su trabajo en mí, convenciéndome de mis pecados y ayudándome a restablecer, con la ayuda de mi esposo, las seguridades perdidas o no adquiridas.

1. El error de sentirme superior y no comprendida fue un elemento de soledad. A veces ocurre que cuando se ha tenido un hogar cristiano y no se conoce "el mundo", cuando se ha asistido desde la cuna a la iglesia con todas sus actividades, cuando se

habla el lenguaje evangélico y se vive sanamente. . . se desarrolla un orgullo espiritual, que es el peor de todos los orgullos. De esos santos labios salen palabras de falsa compasión . . . pero, ¡qué sola se siente una! Ese orgullo que mencionaba es tan inútil que ni siquiera da seguridad. Cuando aprendí a ser realista y veraz conmigo misma y con los demás mostré que también yo me equivoco y que si algo bueno tengo, lo tengo por el Señor y para él. Entonces fui normal y "¡hasta mi esposo me comprendía!"

2. Otro error fue sentir que lo bueno y lindo era parte normal de mi vida sin tener gratitud. No estaba acostumbrada a expresar mis sentimientos en voz alta y esto, sumado a mi timidez natural, me daba una apariencia de indiferente. ¿Quién puede desear estar con una persona así? ¡Ni los niños! Tuve que aprender a decir en voz alta sentimientos. Al comienzo me pareció ridículo y con mucha vergüenza le dije a José: "¡gracias, amor!" No sólo lo sorprendí, sino que aprovechó la oportunidad para un desafío para ambos: "Debíamos decirnos gracias cada vez que lo sintiéramos", ¡y lo cumplimos hasta hoy!

3. Otro error fue la persona en que conjugábamos nuestra conversación en la vida diaria. José con frecuencia usaba el "yo" y yo usaba el "él". ¿Cómo no sentirme sola si no estábamos usando el "nosotros" como base de comunión? Cuando nos dimos cuenta nos exigimos el uno al otro hacer un trato y comenzamos a pensar, hablar, actuar al ritmo de "nosotros". Así dicho suena lindo, hasta musical, pero en la práctica fue muy difícil. Hasta el día de hoy se nos escapa algún error, pero en general aprendimos a vivir en función de "lo nuestro" y de "nosotros".

Cuando comenzamos a conjugar en "nosotros", reconocimos que nos estábamos comunicando mejor porque no sólo estábamos compartiendo informaciones, sino sentimientos, gustos, pareceres, convicciones y todo aquello que nos hace seres únicos.

4. Otro error fue creerme la dadora de hijos a mi esposo. ¿Cómo no sentirme sola, si "yo" no podía cambiar los hechos? Lo cierto es que tengo un problema que dificulta el sostenimiento del embarazo. Cuando fue detectado éramos estudiantes y no teníamos suficientes recursos económicos para afrontar los gastos de una cirugía. Por otro lado, habíamos acordado vivir en nuestra propia realidad económica, sin depender de mi familia para nada. Ellos nunca supieron lo que yo necesitaba en esos días.

Como los días, meses y hasta años corrían, yo iba tejiendo la idea de la adopción como solución. Ahora pienso que la adopción de hijos es un maravilloso acto de amor, pero en ese tiempo en mí no era así, sólo sería la búsqueda de un sustituto o el tapar mi frustración de no poder tener hijos. Si en ese tiempo hubiéramos adoptado un niño lo hubiéramos hecho por egoísmo y no por amor.

Esos primeros años fueron toda una escuela en la que aprendí grandes cosas. Aprendí que es Dios el que da o no da los hijos. Aprendí a buscar la voluntad de Dios en mi cuerpo y a orar por sanidad divina. Aprendí que los hijos dependen temporalmente del padre y de la madre. Finalmente, acepté la situación como estaba y cuando mi mente estuvo en paz, Dios permitió que vinieran tres hijos, sin cirugías, para bendición del hogar.

5. Otro error fue no querer reconocer mis errores. El orgullo sólo trae alejamiento o soledad. ¿Cómo no iba a sentirme sola si no era capaz de comunicarme con el perdón? Lo peor fue que no sólo no pedía perdón sino que ni siquiera me perdonaba a mí misma. ¡Qué palabra difícil de pronunciar! Decirla era como confesar públicamente que pecaba, que estaba equivocada, que era vulnerable, que no era buena. José y yo hablamos sobre esto y nos prometimos ayudarnos a ser auténticos reconociendo nuestras faltas —hasta ahora lo hacemos. No es que nos guste tanto, pero nos da excelente resultado en nuestra vida espiritual y en nuestras relaciones.

6. Con el error de compararme vino una serie de complicaciones ¿Cómo no sentirme sola si en el momento de ser dos en uno, yo me separaba para compararme? Quienes conocen a José saben que él tiene el don de gentes, las mujeres se le acercan con facilidad y encuentran confianza y respeto. El puede llegar a saber mucho de ellas por el carisma que tiene. Los niños se acercan sin temores, porque sienten que él los ama y siempre tiene algún reconocimiento para ellos. Los hombres pueden hablar y hablar, o reír con él porque tiene tema para todo; por supuesto, además de la consejería espiritual. Todos ellos, además de las organizaciones y el auto que tanto quería, eran mis rivales. Cuando digo "rivales" imagínenme en un ring de boxeo y yo sola contra todos ellos, así era como me sentía. Eso hizo que no me sintiera capaz de relaciones sinceras con nadie, y uniendo esto a

lo introvertida que soy, puede imaginar qué desastre era. Ni siquiera me sentía sexualmente atractiva para mi esposo. Así que me encerré mentalmente y aunque era muy activa y hablaba con todos, estaba viviendo sin gozo. Cada noche cuando la familia dormía yo tenía mi tiempo con el Señor y le contaba mis penas. Poco a poco fui creciendo en esa comunión y llegué a tener fuerzas para enfrentar a cada gigante que trataba de aplastarme. Aquí fue cuando tuve que comunicar a José todas mis carencias, todos mis temores, todas mis incapacidades y sentimientos, para solucionar mis problemas. Sólo cuando se tiene un esposo dispuesto a mejorar a la esposa y cuando se tiene la seguridad tan firme de amarnos y ser llamados por Dios para su servicio, se puede seguir adelante con un plan de reubicación en el matrimonio. Celos es el sentimiento que hace sus raíces en una persona que no se autoestima, que no valora los dones que Dios le ha dado y que no ejerce confianza en el amor de la pareja. Así que llegada a esta conclusión tuve que corregir el amor a mí misma y ubicarme en el plano correcto. José me ayudó mucho, porque comenzó a destacar mis aciertos y aquellas cosas que yo era capaz de pensar o hacer para complementar la felicidad del matrimonio. A veces el pastor está tan ocupado que cuando llega a casa se olvida que su esposa también necesita estímulo, y nosotras lo vemos llegar tan cargado o cansado que lo dejamos solo o le contamos los problemas del día, pero tampoco lo animamos.

Cuando entendí y asumí que si bien yo necesitaba estímulo, él también necesitaba mi apoyo y comprensión mantuvimos una franca comunicación y comenzamos a ayudarnos más en nuestros problemas, tentaciones e inseguridades, animándonos el uno al otro y confiando poco a poco más el uno en el otro.

Aprendí a aceptarlo tal cual es, y él aprendió a aceptarme tal cual soy. Adquirí más confianza en mí misma, no sólo porque salí de casa para estudiar o trabajar, sino porque mi esposo me dio el lugar que yo no supe tomar desde el principio. No creo que haya alguien que pueda decir los piropos más lindos que los que me dice José (¡y yo los creo!), ni alguien que pueda ser tan oportuno en regalar flores, bombones o pan y queso. Hubo muchas pequeñas cosas que me ayudaron a sentirme amada, deseada y ¡hasta linda!

Hoy sé de sus virtudes y de sus defectos, sé de sus

necesidades y de sus carencias, también sé de sus tentaciones como él sabe de las mías, por eso sé que soy muy importante en sus triunfos como él lo es para los míos. Ya no tengo rivales, personas ni cosas, ya tengo en orden la confianza en Dios, en mi esposo y en mí misma.

7. Otro error fue tratar de importar soluciones y sentirme luego frustrada porque no funcionaban. Mi madre solía referirse a mí como "la esposa de libro" o "la madre de libro" o "la cocinera de libro". Es cierto que leía bastante por mi deseo de ser mejor esposa o madre. Sin embargo, algo fallaba. Las esposas de otras culturas me hacían sentir peor porque no tenían mi contexto social ni religioso. Es que la mujer latinoamericana tiene otro fondo y otro entorno que presionan y a veces ahogan las ideas igualitarias. Cuando fui capaz de establecer juicio crítico a lo que leía y a lo que vivía, tuve que aprender a buscar mis propias soluciones y llegar a ser auténtica y sin temores para poner en la práctica lo que creía mejor.

8. Otro error fue no tratar de valorar mi tiempo en el hogar. Mientras no llegaron los hijos se podía mantener esa idea con cierta relatividad, y . . .¡qué diferente se veía mi esposo cuando lo esperaba con la comida preparada o con las ropas limpias, planchadas y en orden o con la casa limpia! Más tarde, ¡cuánta seguridad me daba sentir que yo había bañado al bebé, lo había alimentado, lo había hecho dormir o había jugado con él! ¿Quién podía reemplazarme? Aprendí y acepté de corazón que cada cosa tiene su tiempo y mi tiempo estaba en el hogar dando seguridad y salud espiritual a la familia. Realmente gocé muchísimo esos años. Cuando los niños fueron mayores comencé a trabajar fuera del hogar mientras ellos estaban en la escuela. Organicé poco a poco y de tal manera mi tiempo que hoy cuando miro atrás no puedo imaginar cómo pude haber hecho tantas cosas.

9. Otro error estuvo en sentirme extranjera, en no tratar de integrarme en seguida a la gente con la que trabajaría. No es que no lo quise hacer, es que me asusté porque debí adaptarme a muchas cosas a la vez y me fue más fácil huir a mi refugio de extranjera que enfrentar nuevas situaciones. ¡Qué diferente es hoy! No sólo porque entiendo la lengua del pueblo, sino porque en esas cosas que hacen la vida diaria yo puedo estar presente y vivirlas. Reconozco que lleva tiempo, años, entrar en otra

cultura, sentir, pensar y hablar como ellos. Hay mucho que dejar y hasta sacrificar, pero hay mucho que aprender también. Cuando llegamos a este punto de identificación el amor se hace auténtico. Nunca perdí mi identidad, pero tampoco fui obstáculo para que cada miembro de nuestra familia desarrolle su propia identidad en el país donde vivimos.

Crecer faltaba a esta "dudosa" cristiana
que cuando dejó que el Espíritu obrara
aprendió que la vida sana
es poner su confianza en Dios.
¿No estamos acaso unidos en servicio y amor?
¿Dónde cabe el estar solos a estos hijos de Dios?
Nos extrañamos y nos necesitamos,
pero en ningún momento dejamos de apoyarnos
y confiar el uno en el otro y en Dios.

Dios puso su mano

De tantas maneras vi la mano de Dios ayudándome a madurar como esposa y usando a muchas personas para nuestra bendición que sería ingrata si no diera a Dios toda la gloria y honra por su amor, paciencia y misericordia.

Hoy José no está en casa y no lo estará por cinco semanas, pero no estoy, ni estaré sola porque hay bases muy firmes que me sostienen en su compañía. Me llamará una vez por semana y nuestra conversación será breve (por el costo). El me contará lo que hizo y lo que espera hacer en los siguientes días y yo le contaré lo de casa y le daré las noticias urgentes recibidas por carta, habrá una que otra recomendación al respecto, luego nos diremos que nos amamos y nos desearemos la bendición de Dios el uno al otro. Este es el frío resumen de una conversación telefónica nuestra, pero entre las palabras y las pausas estaremos expresando sentimientos, cansancio, añoranza de hogar, temores, inquietudes y todo aquello que enriquece una comunicación verdadera. Sabemos que viaja por donde hay terremotos o guerrillas, que es tratado con desconfianza en algunos lugares, que no siempre puede salir o entrar a un país cuando quiere, que siempre hay alguna dificultad en el aire. Pero sabemos que si Dios lo llamó, él va a abrir o cerrar puertas y ventanas para que corra su voluntad. Esta es nuestra confianza, por eso ni tengo derecho al temor. José tampoco está solo.

Como ve . . . él está poco tiempo en casa, pero Dios me preparó para que así fuera. Ambos llevamos ritmos de vidas muy activas, pero es sagrado para nosotros mantener vivo nuestro interés el uno por el otro.

Soledad, estoy muy ocupada para atenderte
y en mi corazón no hay lugar para darte.
No insistas, te equivocaste de casa,
aquí no entra esa enfermedad.

LA ESPOSA DE PASTOR
COMO
MADRE

7

¡Vivimos en una casa de cristal!

Edna Lee de Gutiérrez

> ". . .vuestros pastores . . . porque ellos velan por vuestras almas, como quienes han de dar cuenta; para que lo hagan con alegría, y no quejándose, porque esto no os es provechoso" (Heb. 13:17).

Un refrán popular dice que "el casado, casa quiere". En la actualidad, por el alto costo de la vida, muchas parejas se ven obligadas en el inicio de su vida matrimonial a vivir bajo el amparo de sus suegros o padres, cosa que no es aconsejable desde ningún punto de vista.

Pero, ¿qué diríamos de una familia que no sólo tiene que vivir en una casa que no es propia ni alquilada, bajo la autoridad no de suegros, sino de una serie de familias que representan muy diferentes puntos de vista y opiniones?

¿Qué joven esposa aceptaría vivir en una casa en la que un sinnúmero de personas tienen acceso y autoridad para juzgar la limpieza, el orden, el buen o mal gusto con que la arregla? ¿Qué de acuerdo con sus propios horarios de trabajo irrumpen en la intimidad de su hogar a diferentes horas del día?

Cualquier persona razonable diría: ¡nadie!

Y es verdad. Pero la familia pastoral vive de esa manera, en una casa de cristal. O, como en alguna ocasión escuché definir significativamente la casa pastoral: "la casa de la iglesia donde vive el pastor".

No sé quién inventó las casas pastorales. Desconozco la razón por la cual deben ubicarse contiguas al templo. (Quizá sea por imitación de las casas curales de la iglesia romana con su sistema parroquial). Pero alguna vez escuché este argumento: Así como el capitán de un barco es el último en abandonarlo en caso de naufragio, el pastor debe estar al pie del cañón junto al templo.

Tal vez tienen razón quienes así piensan, pero seguramente nunca han vivido en una casa pastoral y no tienen la menor idea de lo que esto significa.

Uno de los grandes obstáculos que la familia pastoral tiene que superar para vivir realmente como familia, es la casa pastoral. De suyo el ministerio es *sui generis* y presenta desafíos y demandas que una familia normalmente no tiene que enfrentar. Queremos ser honestas y enfocar, tan objetivamente como nos sea posible, los aspectos negativos y positivos de la casa pastoral.

Es la casa de la iglesia donde vive el pastor

Con la mentalidad de quien define así la casa pastoral, la familia del pastor no tiene casa.

Muchas familias no tienen casa propia donde vivir, pero la casa o el apartamento o la pequeñísima vivienda que alquilan, la sienten como propia. En tanto cumplan fielmente con el pago del alquiler, la cuiden con esmero y renueven el contrato de arrendamiento, pueden vivir tranquilamente sabiendo que el propietario no irrumpirá en la intimidad de su hogar.

Ciertamente la casa pastoral pertenece a la iglesia. Pero en el momento en que un pastor es llamado a ministrar esa congregación, parte de su salario lo representa la casa donde va a vivir. Aunque no paga alquiler, lo está devengando con su trabajo, y su familia tiene derecho a considerarla *su casa.*

Y en su casa, usted manda.

Esto es particularmente importante para la mujer. Una de sus satisfacciones personales es saberse, sentirse, "la señora de la casa": que dispone el arreglo de los muebles, busca la manera de hacerla lucir más atractiva y cómoda, se afana por mantenerla limpia y ordenada. . .

En la casa pastoral esto no es posible. Algunas casas pastorales, aun estando junto al templo, son independientes porque tienen su propia puerta de acceso y no están comunicadas con el templo. Pero otras sí lo están. Y en esas casas, la esposa y los hijos del pastor invierten gran parte de su tiempo hábil en el día abriendo la puerta para quienes llegan a ensayos del coro, reuniones diversas o sencillamente porque el templo es el punto de reunión para ir a alguna parte.

(Mención especial merece la dificultad que algunas iglesias encuentran en tener un conserje o guardatemplo eficiente, situación que impone mayor carga de trabajo para la familia pastoral.)

En una casa abierta la mayor parte del día, es difícil para la esposa mantenerla *limpia y ordenada*. A mayor número de personas que habitan una casa, más se ensucia y desordena. Normalmente el sueldo del pastor no es suficiente para que su esposa tenga alguna ayuda con los quehaceres domésticos, de modo que sólo para mantener la casa "medio" arreglada, la esposa del pastor tiene que asearla unas dos veces al día. Si, como normalmente se hace en cualquier casa, se limpia una sola vez, no se necesita mucha imaginación para saber que la casa no será ejemplo de pulcritud.

En una casa abierta, la familia que la habita *no tiene privacidad*. Y esta es la parte más dolorosa y difícil para la familia pastoral. Vive sin intimidad.

Toda familia tiene problemas de ajuste en la pareja, de educación de los hijos, de disciplina, de colaboración, de temperamentos y caracteres, económicos, morales, espirituales. La familia pastoral no es la excepción. Pero sus problemas se agudizan porque son del dominio público.

¡Cuán cierto es que todos nos sentimos maestros para educar a los hijos ajenos! Quizá uno de los motivos frecuentes de rebeldía en los hijos de los pastores, es que algunas personas de la congregación se sienten con derecho a corregirlos, llamarles la atención y amonestarlos porque deben dar buen ejemplo.

Es verdad. Pero también es verdad que las mismas demandas deben aplicarse a los hijos de los miembros de la iglesia por el hecho de ser cristianos, y que los hijos del pastor no son ángeles que sólo les falten las alas. Son niños, adolescentes, jóvenes, con los problemas inherentes a su edad; algunos dóciles y otros rebeldes; algunos bien educados y otros mal educados (y esto es responsabilidad de la pareja pastoral que muchas veces tiene tiempo para todos y para todo, menos para sus hijos.)

Son seres humanos que sienten, sufren y gozan, lloran y ríen. Seres humanos con virtudes y defectos, al igual que sus padres. La única diferencia es que su vida privada es pública, y mientras en algunas familias se mantiene la mayor discreción en situaciones dolorosas de fracaso o pecado en alguno de sus miembros, la familia del pastor no tiene ningún secreto para nadie: su vida es libro abierto. Vive en una casa de cristal.

En manera alguna tratamos de justificarnos o eludir la responsabilidad que tenemos como cristianos y mayormente como siervos de Dios, para ser ejemplos de los fieles. Tendremos que dar cuenta al Señor de nuestra vida.

Cuando la Escritura misma nos habla de siervos de Dios que fracasaron como padres, con temor y temblor pedimos sabiduría y discernimiento al Señor.

Elí, el sacerdote, tuvo hijos impíos que no tenían conocimiento de Dios. Aunque oyó de todo lo que sus hijos hacían y les llamó la atención, el juicio de Dios sobre su casa fue porque "sus hijos han blasfemado a Dios, y él no los ha estorbado".

De Samuel, el profeta, se dice que sus hijos no andaban en los caminos de su padre.

David conquistó reinos, pero fracasó con hijos como Absalón.

Si la Biblia registra estos problemas de los siervos de Dios, es para nuestra admonición y no queremos pasarla por alto. En lo personal, siempre he creído que el ministerio pastoral es misión que cumple no sólo el pastor, sino su familia también. Por ello, la importancia del hogar pastoral.

¿Cómo superar esta falta de privacidad en la vida hogareña? ¿Cómo ayudar a nuestros hijos para vencer su rebeldía frente a lo que consideran injusto? ¿Cómo evitar la amargura y servir con alegría?

Muchas familias pastorales han logrado sobrepujar la desventaja de vivir en una casa pastoral. Sólo podemos entenderlo por la misericordia de Dios. Pero otras muchas no lo han logrado.

El pasaje que usamos como epígrafe habla de la obediencia a los pastores porque ellos velan por las almas de sus ovejas como quienes han de dar cuenta a Dios. Pero lo que queremos hacer notar es la segunda parte del versículo: para que lo hagan con alegría, y no quejándose, "porque esto no *os* es provechoso". (El subrayado es de quien escribe.)

Es decir: aquello que estorbe o impida el servicio gozoso del pastor, no es provechoso para la iglesia. Cosa interesante es que no se hable de lo que la ausencia de alegría y presencia de queja en el servicio hace al pastor o a su familia, sino de las repercusiones que tiene para la congregación a la que se ministra.

No os olvidéis de la hospitalidad. . .

. . . porque por ella algunos, sin saberlo, hospedaron ángeles.

¡Pero muchas familias pastorales han sido *conscientes* de haber albergado ángeles!

Viviendo o no en casa pastoral, la familia del pastor goza de la bendición incalculable de abrir las puertas de su hogar y sentirlo cuna donde Dios en su misericordia ha hecho nacer, arrullar, cultivar y crecer almas nuevas para el extendimiento de su reino.

El hogar pastoral en innumerables ocasiones es honrado con la presencia de otros pastores, misioneros, hermanos en la fe, líderes de la obra evangélica, que llegan como ángeles a hospedarse con la familia. Algunos de estos ángeles que he tenido la oportunidad de albergar en mi hogar, han marcado una profunda huella de amor cristiano y de testimonio fiel para inspiración particularmente de mis hijos. Alabo a Dios por ello.

No olvidar la hospitalidad nos ha brindado oportunidades de *fraternización* con hermanos de otros países. Viviendo en Managua, Nicaragua, tuvimos el privilegio de acomodar no sólo en la casa pastoral sino en el patio y en los salones de clase del templo, a quinientos hermanos de Guatemala, El Salvador y Honduras que iban de camino hacia San José, Costa Rica, a la asamblea anual de la Iglesia Evangélica Centroamericana. Una hermana de Guatemala conmovió hasta las fibras más íntimas de nuestro ser cuando al partir, con toda sencillez y generosidad, quiso compartir con la familia del pastor que le habían brindado techo y comida, el último pedacito de queso que le quedaba para el resto del viaje.

No olvidar la hospitalidad nos ha permitido *brindar refugio* a jóvenes a quienes Dios rescató de las garras del vicio y librarlos de quienes querían causarles mal, temerosos de que pudieran delatarlos con las autoridades.

No olvidar la hospitalidad nos ha dado la bendición de tener experiencias de *servicio cristiano* en las que el Señor nos ha dado la certeza de que él escucha y responde la oración. Una hermana de un país centroamericano tocó un día a la puerta de la casa pastoral en Managua. Había llegado en busca de su hijo, un joven de 24 años, quien por encontrarse un poco trastornado de sus facultades mentales se había extraviado. El único indicio que tenía la hermana era que su hijo había tomado un autobús rumbo a Nicaragua.

Al recibirla en el hogar, nuestros pequeños hijos se conmovieron ante las lágrimas de aquella madre y mucho más porque creyeron que se trataba de un niño pequeño. Oraron con todo fervor: "Señor, que la hermana encuentre hoy a su hijito." Era como encontrar una aguja en un pajar, pero para Dios no hay nada difícil ni imposible. El oye y responde la oración.

No olvidar la hospitalidad nos ha permitido *aprender lecciones duras* mediante las cuales Dios nos ha recordado lo que Jesús enseñó a sus discípulos sobre ser prudentes como serpientes (cf. Mat. 10:16). Fui sorprendida por un hombre que, sabiendo que soy mexicana, se identificó como mexicano también. No sólo le brindé albergue en mi hogar, sino que con una historia triste consiguió quitarme lo poco que tenía para el gasto de la casa. Un año después volvió tratando de hacer lo mismo. ¡Pero yo había aprendido la lección!

Al iniciar el pastorado en una pequeña congregación en la ciudad de México, durante tres años recibimos a la iglesia en nuestra casa para un culto de acción de gracias el 25 de diciembre. No fue posible continuar este convivio feliz porque ya la casa entera era insuficiente para recibir a todos los hermanos. Pero no olvidar la hospitalidad, nos permitió gozar de esta experiencia de *compartimiento* inolvidable, no sólo para nuestra familia, sino para los hermanos.

Interminable sería contar las experiencias que Dios nos ha permitido vivir en el hogar al no olvidar la hospitalidad. Hemos podido estudiar la Biblia, aconsejar, orar, llorar, reír; a veces con hermanos en la fe, otras con incrédulos, en un desafío tremendo a creer y confiar en Dios.

Aunque no todas las experiencias han sido amables, todas han sido de *bendición.* Dios las ha usado para que nuestra familia, arraigada y edificada en el amor, crezca en todas las cosas en Aquel que es la cabeza, Jesucristo.

Ciertamente, Dios nos ha concedido hospedar ángeles.

El pastor es digno de su casa

La enseñanza de Jesús es que el obrero es digno de su alimento y de su salario. El apóstol Pablo exhorta a los hermanos de Tesalónica a reconocer a los que trabajan entre ellos y tenerlos en mucha estima y amor por causa de la obra.

Si hemos de obedecer la Escritura, nuestras iglesias deben considerar seriamente que la casa es parte del salario de su pastor y que él y su familia son dignos de tener un hogar en el que puedan gozar de la intimidad y la privacidad tan necesarias para que una familia se desarrolle y crezca en un ambiente sano y favorable.

Es necesario cambiar la mentalidad de nuestras congregaciones para que dejen de pensar en la casa pastoral como "la casa de la iglesia donde vive el pastor".

Bueno sería también reconsiderar la ubicación de la casa pastoral.

Luego del día de trabajo, el pastor necesita un lugar donde descansar. Es necesaria la privacidad no sólo para el convivio familiar, sino también para que el pastor pueda, con tranquilidad y sin interrupciones, dedicarse a la oración, al estudio de la Palabra, a la preparación de sus estudios y sermones.

Es por la propia conveniencia de la iglesia, que el ministro y su familia puedan servir con gozo y no quejándose. Esto último, de acuerdo con la Biblia, no es provechoso para las congregaciones.

Pastor y ovejas han de actuar bajo la dirección del Espíritu Santo y la Palabra.

El pastor, para apacentar la grey de Dios con ánimo pronto; cuidando de ella y siendo ejemplo.

Las ovejas, teniendo en mucha estima a quienes les presiden en el Señor.

Ambos, con la conciencia clara de que habremos de dar cuenta a Dios como ministros suyos y como iglesias de redimidos en la sangre de su Hijo Jesucristo.

La responsabilidad es ineludible.

8

¿Dónde está la madre de los hijos del pastor?

Esther de Borrás

■ ■ ■ ■ ■ ■ ■

La autora es una simpática española nacida en Valencia.
Es Licenciada en Filosofía y Letras y cursó estudios teológicos en el Seminario Bautista en Ruschlikon, Suiza.
Colabora activamente con la obra femenil convencional. Es conferenciante y autora de numerosos artículos.
Actualmente se desempeña como Profesora de Inglés en el Seminario Bautista de España.
Está casada con el pastor José Borrás, exsacerdote católico. Tienen dos hijos.

"¡Mamá!, ¿papá viene a dormir a casa?" Esta fue la pregunta que una niña de cinco años, hija de un pastor, le hacía a su madre. Sin lugar a dudas, aquella niña estaba resaltando la ausencia del padre del hogar.

No vamos a criticar a aquella familia, pero sí que vemos reflejado en esta pregunta lo que ocurre en muchos hogares de pastor: el padre está tan absorto en el programa de trabajo de la iglesia, que muchas veces los hijos sufren al verse privados de su compañía.

Efectivamente, el pastor debe ocuparse de la iglesia y ello le lleva a que muchas veces tenga que llegar tarde al hogar. Es ahí donde la esposa del pastor tiene que suplir, a menudo, la falta del padre y hacer que los hijos noten su ausencia lo menos posible.

Pero alguien preguntará si la esposa del pastor no debe de estar también dedicada a la iglesia, ya que los miembros esperan que ella trabaje como un líder más de la misma.

El título de este capítulo es: *¿Dónde está la madre de los hijos del pastor?* y creo que es un título muy significativo y que requiere un poco de estudio por nuestra parte.

Muchas veces hemos oído de hijos de pastores que, cuando son mayores, no quieren saber nada de la iglesia. Están cansados de tener que asistir siempre a todos los cultos, o de ver que sus padres están completamente volcados en la iglesia y no les prestan la atención que ellos quisieran y, cuando pueden hacer oír su voz, se niegan a seguir el camino que sus padres les han trazado.

¿Por qué ocurre esto? No creo que pueda ofrecer todas las respuestas que tiene esta pregunta; pero sí me atrevería a decir que, muchas veces, la reacción contra la iglesia la tiene un hijo que ha notado la falta de sus padres, por causa del mucho tiempo que éstos han invertido en la misma en menoscabo de él.

En este capítulo vamos a considerar el papel que la esposa del pastor tiene como madre, ya que hay hijos que, aun teniéndola, muchas veces se sienten como si no la tuvieran, debido a que ésta pasa la mayor parte de su tiempo fuera de la casa; y esto no es bueno para ellos.

Por ejemplo, la madre que está fuera de su casa cuando sus hijos vuelven de la escuela, a menos que sea por algo muy importante, está descuidando su obligación.

Recuerdo que mi hija pequeña cuando salía para ir a la escuela siempre me preguntaba: "Mamá, ¿estarás en casa cuando vuelva?" Generalmente, yo siempre estaba en casa; no obstante, ella quería asegurarse de que cuando volviera me encontraría allí.

Sabido es la gran dependencia que los hijos pequeños tienen de su madre. El hecho de saber que ella está en casa les hace felices y les da seguridad.

¿Existen justificaciones para estar ausente del hogar? ¿No será más importante ir a ver a aquella ancianita, o a la madre enferma que, con toda seguridad, agradecerá la visita? A esto yo respondería que se debe cuidar primero a los propios que a los extraños. La caridad bien entendida empieza por uno mismo; y si la esposa del pastor se preocupa de los demás en perjuicio de los suyos está invirtiendo los términos.

¿De qué sirve ir a ayudar a los niños del barrio marginado, si para hacer ese trabajo deja de cuidar a los suyos? Nadie puede substituir a una madre y, en tanto los niños son pequeños, no debe sentir una obligación mayor que la de cuidar de los suyos. La responsabilidad de madre es superior a cualquier otra actividad y obligación que se puedan adquirir. ¿Dónde debe estar la madre de los hijos del pastor? Primeramente, cumpliendo su deber como madre, cual es el de atender y educar a sus hijos en el temor del Señor para, así, hacer de ellos hombres y mujeres útiles a la sociedad y a la iglesia el día de mañana. Dios ha dado padres a los hijos para que les quieran y les eduquen y, como leemos en Proverbios, les instruyan en la carrera para que cuando fueren viejos no se aparten de ella (Pr. 22:6).

Recuerdo el comentario de un pastor quien, refiriéndose a su esposa, decía: "Si mi mujer se muriera, ustedes la echarían de menos, pero en mi casa nadie lo notaría". Aquella mujer no había entendido cuál era su obligación como esposa de pastor, ya que la mayor parte del tiempo lo empleaba con la gente de afuera.

A veces, el querer dedicar tiempo a otras actividades hace que los hijos del pastor carezcan del cuidado y atención que necesitan y esto no es un buen testimonio para los demás.

Hay muchas horas durante el día, mientras los hijos están fuera, para poder atender alguna actividad, o hacer alguna visita; pero cuando los hijos llegan a casa, especialmente mientras son pequeños, la madre debe atender primero a su familia. La madre que fracasa en su hogar, como madre, ha fracasado en el área más importante de su vida, pues nada tiene tanta importancia para una mujer como el cuidado y la educación de sus hijos.

No vamos a decir qué es más importante, si el hogar o la iglesia. Dios es el autor tanto de la familia como de la iglesia y, por lo tanto, ambas instituciones son de gran importancia. En el Salmo 127:3 leemos: "Herencia de Jehová son los hijos" . . . y si Dios nos ha dado una herencia, es para que la cuidemos y la granjeemos. Como madres debemos prestar la atención suficiente para que nuestros hijos sean lo mejor que sus facultades les permiten ser.

La iglesia puede servir como válvula de escape por la que se huya de las tareas del hogar, utilizando aquélla como una excusa o pretexto para no cumplir con la labor más anónima y callada, pero efectiva, de esposa y madre.

Quizá pueda parecer extraño lo que voy a decir, pero hemos sabido de personas que han utilizado la iglesia como evasión, porque no han podido soportar el hecho de estar en casa. Esto les ha hecho parecer más consagradas que otras mujeres que no se han volcado tanto en la iglesia; pero cuando miramos sus hogares y vemos lo que en ellos hay, así como la formación que sus hijos tienen, nos damos cuenta de que en ese aspecto han fracasado rotundamente. Napoleón decía que la mano que rige al mundo es la mano que mece la cuna, dando así a entender la gran importancia de la madre.

La casa del pastor debe ser ejemplo en todos los sentidos: en limpieza, orden, educación, etc., y todo ello requiere tiempo y esfuerzo. ¡Alguien lo tiene que hacer! Todos sabemos que los sueldos de los pastores no son los más altos y, por consiguiente, es difícil que se encuentre a alguien que pueda ayudar a la esposa del pastor para que ella disponga de más tiempo y lo pueda, así, dedicar a la iglesia.

Los hijos necesitan a una madre que cuide de ellos. Necesitan un hogar en el que no falte nunca un plato de comida caliente. No sea que, porque aquélla ha estado ausente y no ha tenido tiempo de cocinar, cuando llega la hora de la comida ésta se soluciona con un bocadillo.

Recuerdo que en el Seminario aprendí algo que me ha ayudado mucho a lo largo de mi vida como esposa de pastor: "Es mejor enseñar a diez, que hacer el trabajo de diez." Si hay algo que solamente la esposa del pastor puede hacer, es bueno que enseñe a alguien más a que lo haga; en primer lugar, para tener colaboración; y, en segundo lugar, para que cuando ella se vaya a otro sitio alguien pueda suplirla.

Una actividad desmesurada en la iglesia puede estar tratando de encubrir un fracaso en el buen funcionamiento del hogar, guardando solamente las apariencias para los de afuera, pero que, sin embargo, son perfectamente visibles para los que están dentro.

Recuerdo el hogar de un pastor cuya esposa estaba todo el día en la calle visitando y haciendo cultos en las casas; pero, cuando su esposo llegaba al hogar tenía que irse al supermercado más cercano a comprar algo de comida porque su esposa no estaba en casa. No nos sorprendió cuando aquel hogar se deshizo, siendo motivo de mal testimonio para los creyentes más débiles.

Ante la disyuntiva de qué debe ocupar el primer lugar, si la iglesia o la familia, yo diría que la esposa del pastor es un miembro más de la iglesia y como a tal se la debe considerar, no esperando que esté dedicada plenamente a la iglesia, cosa que ya hace el esposo. No obstante, la esposa del pastor, sin descuidar a los suyos, puede y debe ayudar como otro miembro activo dentro de sus posibilidades.

Cuando mi padre estaba de pastor, al principio de su ministerio, en una pequeña ciudad, había allí una mujer muy activa que materialmente obligaba a mi madre a que asistiera a todos los cultos. Una noche de invierno, en el culto de oración, mi madre estaba con todas sus niñas en la iglesia. Una de nosotras se puso a llorar y mi madre salió al jardín de la iglesia, para que su hija no molestase con su llanto a los demás creyentes. A la semana siguiente, mi madre decidió quedarse en casa con sus hijas y no ir por la noche al culto de oración. Al ser interrogado mi padre por aquella señora "tan fiel" a la iglesia, y que decía que era un mal testimonio para los demás el que la esposa del pastor no estuviera en el culto, mi padre le contestó: "¿Y cómo quiere usted que yo predique cuando sé que mi esposa y mi hija están enfriándose en el jardín de la iglesia?" (En aquellos tiempos el templo no disponía de ninguna dependencia, excepto el lugar donde se celebraban los cultos.)

Ahora bien, la actitud de la esposa del pastor respecto a la iglesia es muy importante tanto para el esposo como para los hijos. Estos tienen que ver que su madre ama a la iglesia y que hace todo lo que puede por ella. Aristóteles acostumbraba a decir que en el término medio está la virtud. No se va a dedicar a una cosa (el hogar) en exclusividad, sin participar en el programa de la iglesia, pues se corre el riesgo de hacer que los hijos no amen debidamente la obra del Señor. La sinceridad y la actitud positiva de la madre son de una importancia capital en el buen funcionamiento del hogar pastoral.

Además, como debido al trabajo el esposo no está, muchas veces, en el hogar (especialmente cuando los niños son pequeños y se acuestan y se levantan a horas diferentes de las de los padres), la esposa del pastor debe ser la consejera espiritual de sus hijos, dirigiendo el culto familiar, etc., pues, como madre, ha de procurar que sus hijos crezcan física, moral y espiritualmente.

Como sé que muchas esposas de pastor, especialmente al principio de su ministerio, quieren hacer mucho en la iglesia, puesto que los miembros piensan que ella, por ser quien es, ha de estar muy involucrada en el trabajo de la misma, quisiera, para finalizar, sugerir algunas cosas que conviene hacer y otras que conviene evitar.

Conviene evitar el tener muchos cargos que van a requerir un gran esfuerzo, en menoscabo de la presencia de la madre en el hogar, especialmente mientras los hijos son pequeños. Así se evita, también, el excesivo protagonismo, cosa que algunas personas resienten.

Igualmente, conviene evitar educar a los hijos como si éstos fueran niños "especiales", cuando en realidad no lo son. El hecho de ser los hijos del pastor no les hace diferentes de los demás. Si la madre quiere educar a los hijos como si ellos también fueran "pastorcitos", se corre el riesgo de hacer de ellos unos niños hipócritas, que exteriorizan lo que no sienten, por temor al qué dirán. Cuando mis hijos eran pequeños yo les enseñaba que ciertas cosas no se podían hacer "porque eran mis hijos" y no porque su padre era el pastor. Ya es suficiente con la presión que los miembros ponen sobre los hijos del pastor, para que los padres la aumenten todavía más.

Recuerdo el caso de un pastor que educaba tan "píamente" a sus hijos que los domingos, cuando iban a la iglesia, no se podían reír porque era domingo y se tenía que mantener reverencia en el día del Señor. Hoy, dos de aquellos niños, ya mayores, están apartados completamente de la iglesia.

Es poco aconsejable hablar de los problemas de la iglesia delante de los hijos, especialmente cuando hay personas involucradas y existe gran carga de emoción en ello. No obstante, si el problema es de otra índole, como en el caso de personas enfermas, o que pasan por problemas sociales (necesitados, etc.), sí es bueno orar con los hijos por la solución de tales problemas, en el culto familiar.

Conviene procurar que las faltas de los miembros de la iglesia no sean conocidas por los hijos del pastor. Esto vale tanto para cuando los hijos son jovencitos, como para cuando son adultos. Los hijos, que sólo ven a los miembros en la iglesia, generalmente, tienen un buen concepto de ellos, y si los padres les hacen algún comentario negativo, éste les puede perjudicar y hacer creer que tales personas son hipócritas.

Los problemas personales de los miembros de la iglesia no deben formar parte de la conversación en la casa pastoral, aun cuando los hijos sean mayores. Los miembros de la iglesia se confían a su pastor, o a su esposa, esperando que éstos guarden sus confidencias. Nosotros debemos honrar tal confianza.

En cuanto a lo que se debería hacer, es bueno recordar que la forma como la esposa del pastor eduque a sus hijos puede ser un estímulo para que otras madres puedan educar a sus hijos. Generalmente, la disciplina que hay en la casa pastoral hace que los hijos lleguen a alcanzar las metas que se proponen más fácilmente que otros jóvenes. Educando bien a los propios hijos se puede contribuir a la formación de otros jóvenes.

Pero, ¿cómo puede hacerse esto si los hijos del pastor son todo lo opuesto de lo que hemos estado diciendo? Se dice que la gente no irá a mirar los armarios de tu casa, pero sí observará a tus hijos, pues ellos reflejan lo que tú les has enseñado. (En la mayoría de los casos es así; aunque a veces hay excepciones, como en toda regla.)

Como esposa de pastor, yo he procurado que mis hijos fueran siempre fieles en su asistencia a la iglesia. Pero, cuando fueron mayores, no les forcé a asistir si algún domingo, por razón de tener exámenes muy difíciles al día siguiente, me decían que no podían ir en esa ocasión. Yo les decía lo que creía que era más importante, es decir, que el domingo es el día del Señor; pero les dejaba en libertad de hacer lo que ellos creían que debían hacer. Generalmente, cuando esto acontecía, asistían a un culto solamente. Hoy, gracias a Dios, mis dos hijos están en la iglesia, no "forzados", sino contentos.

Esta fue una de las cosas que mi hija de 20 años, actualmente estudiante de Leyes en la Universidad, dijo que me agradecía más en cuanto a mi faceta como esposa de pastor, con relación a ella: "Mamá, me ha gustado que no me forzaras a asistir a la iglesia."

Procurar tener un ambiente feliz en el hogar ayuda tanto al pastor como a los hijos. Generalmente, los hijos felices vienen de hogares felices; y se tiene felicidad cuando en el hogar hay amor y contentamiento. El contentamiento vendrá de la actitud positiva de la esposa del pastor hacia el trabajo que él realiza. Si la esposa acepta sólo "resignadamente" el trabajo del esposo, poco contentamiento va a tener en él.

Yo nunca me he considerado "pastora", como algunos llaman a la esposa del pastor; pero siempre he procurado apoyar a mi esposo en su trabajo. Esto ha traído armonía al hogar y mis hijos nunca han sufrido el complejo de "hijos del pastor", con todo lo que ello trae consigo.

Sé que no he sido, ni soy, la madre perfecta; pero de mis equivocaciones puedo sacar enseñanzas provechosas para ayudar a otras mujeres que, quizá, no tienen muy clara la idea de cuál debe ser su papel de esposa de pastor, sin olvidar que primero y principalmente son madres.

Doy gracias al Señor por el hogar que él me ha concedido y, aunque soy consciente de que muchas veces no he sabido actuar debidamente, estoy contenta de ser la esposa de un pastor y de haber compartido siempre con él las vicisitudes del ministerio. El Señor me ha bendecido, asimismo, con dos hijos cristianos de los que me siento plenamente satisfecha.

9

Cómo afecta el ministerio a los hijos

Vilma de Fajardo

La autora es una simpática ecuatoriana.
Es licenciada en Sicología Educativa de la Universidad de Guayaquil y trabajó como Profesora de Sicología a nivel secundario en su país.
Realizó estudios teológicos en el Seminario Bautista de Cali, Colombia.
Participó activamente en la obra femenil convencional.
Colaboró con su esposo en el pastorado de dos iglesias en Ecuador.
Actualmente trabaja en el diseño de nuevos materiales, y en la edición y mantenimiento de los materiales para la niñez en la Casa Bautista de Publicaciones.
Es madre de dos hijos.

A través de los capítulos anteriores te habrás dado cuenta de la gran responsabilidad, privilegio e implicaciones de ser una esposa de pastor. Esto afecta tus relaciones con los creyentes en la iglesia, con tu esposo como pastor, con tus hijos y contigo misma.

En este capítulo podrás darte cuenta de las experiencias de muchos hijos de pastores que fueron consultados acerca de sus experiencias directas de nacer, crecer y sobrevivir como hijos de pastores. Creímos que lo mejor era permitir que fueran ellos mismos quienes hablaran del tema que nos ocupa. El contenido de este capítulo, en su mayor parte, lo forman las respuestas a una encuesta realizada con ese propósito. Sus vivencias aunque diferentes, reflejan la realidad de la familia pastoral y su influencia a un mundo que en su mayoría no comprende ni ha llegado a valorar completamente el ministerio pastoral.

Entre los temas consultados enfocamos cuatro aspectos que sobresalen en relación con las experiencias que ellos viven. Los temas son los siguientes:

1. Ventajas y desventajas de ser un hijo de pastor.
2. Rutina familiar vs. trabajo pastoral.
3. Cambios de pastorado y cómo afectan a los hijos.
4. Participación de los hijos en el ministerio pastoral.

Ventajas y desventajas de ser un hijo de pastor

A continuación, presentamos algunas preguntas que hicimos a hijos de pastores. Sus respuestas deben ser consideradas seriamente.

Ventajas de ser un hijo de pastor

1. ¿Ser hijo de pastor es una ventaja espiritual?

* Tuve la oportunidad de ver a mi padre vivir lo que predicaba, esto me ayudó a crecer en la fe y esa fe constituye la fuerza de mi relación con Dios.
* Uno tiene el ambiente adecuado para salir adelante en los tiempos difíciles.
* Se aprende a vivir por fe, a interpretar la Biblia, investigar muchos tópicos y también se aprende a fortalecer el área emocional y poner los pies en la tierra.
* Desde pequeño se aprende de la Biblia y se involucra en las actividades de la iglesia.
* A cada momento se está teniendo una relación íntima con Dios.
* Es una ventaja por la protección y misericordia especiales de Dios, que no sólo se limitan a su siervo, sino a todos los miembros de su familia.
* La enorme ventaja de poder tener una visión más amplia de las cosas espirituales.

* Como hijos de pastores tenemos la oportunidad de crecer en la gracia del Señor.
* Es una gran ventaja el ambiente sano, de limpieza moral en que se nos permite vivir.
* Es una ventaja poder ser colaboradores directos del siervo de Dios.
* Puedo hacer míos los recursos espirituales que me permitan enfrentar y vencer los ataques del enemigo.

2. ¿Qué ventajas emocionales tienen los hijos de pastores?
* El área emocional de la vida se fortalece, se aprende a vivir de una manera más realista.
* El aprender a relacionarse con todo tipo de personas a las cuales aprendemos a amar y aceptar, constituye una ventaja emocional.
* La ventaja de poder vivir en un medio sano de limpieza tanto moral como espiritual.

3. ¿Qué consideras una ventaja social para un hijo de pastor?
* A la casa del pastor llegan muchas personas importantes que son líderes dentro de la obra y uno como hijo de pastor, tiene la oportunidad de escuchar sus experiencias y la manera como Dios les ha bendecido y usado.
* Como hijo de un pastor uno puede relacionarse con muchas personas de culturas y ambientes diferentes, aun dentro del mismo país.
* Como hijo de pastor uno tiene más oportunidad de relacionarse con todo tipo de personas y eso contribuye a la madurez social de la persona.
* La iglesia viene a ser como una gran familia y la familia pastoral es parte importante de ella.

4. ¿Qué ventajas materiales pueden tener los hijos de pastores?
* Es una ventaja la forma en que Dios siempre llega puntualmente con las provisiones materiales que necesitamos en maneras muy especiales.
* Uno aprende a ser agradecido por lo que tiene y a vivir por fe.

Desventajas de ser un hijo de pastor

1. ¿Cuáles son las mayores desventajas que experimentan los hijos de pastores?

* Emocionales, sociales, materiales y espirituales.

2. ¿Cuáles cosas consideras tú como desventajas emocionales?

* Muchas veces los hijos de pastores experimentamos mucha presión tanto de nuestra familia como de la iglesia.
* Como hijo de pastor uno está continuamente en el ojo y boca de la gente.
* La gente de la iglesia lo considera a uno muy ideal.
* No hay libertad de expresión o de hacer las cosas.
* El hecho de tener que compartir a sus padres con mucha gente. Sobre todo si los padres no toman suficiente tiempo para estar con sus hijos, trae, con el tiempo, problemas de carácter emocional por la falta de atención.
* Rebeldía por no ver retribuidos los esfuerzos y sacrificios que hace la familia pastoral, recibiendo al contrario reclamos y exigencias.

3. ¿Qué desventajas materiales consideras que experimentan los hijos de pastores?

* Por los sueldos bajos que perciben los pastores uno no puede darse ciertos lujos que sí pueden tenerlos otros jóvenes de la iglesia.
* No poder aspirar a una educación más selecta porque los padres no tienen suficientes recursos.

4. ¿Qué desventajas sociales experimentan los hijos de pastores?

* Carencia de actividades adecuadas para uno que es joven.
* Círculo reducido de amistades fuera de la iglesia y escasos recursos económicos para participar en clubes u otras organizaciones recreativas.

5. ¿Qué desventajas espirituales tienen los hijos de pastores?

* Uno confronta muchos problemas porque conoce

mejor a los padres que los hermanos de la iglesia y a veces los padres no se comportan de una manera acorde con lo que enseñan, provocando con esto debilitamiento espiritual.

* La desventaja de no nacer y crecer en un medio no cristiano y experimentar lo que es vivir sin Cristo.

* La desventaja de no tener excusa para no recibir a Jesucristo como Salvador personal.

* La desventaja de que somos más responsables delante de Dios, debido a las mayores oportunidades de aceptarle y servirle.

Como esposas de pastores, nuestra participación debe buscar exaltar las ventajas y aprovecharlas al máximo para crear en nuestros hijos un sentimiento de aprecio hacia el ministerio pastoral. Al mismo tiempo, debemos reconocer que las desventajas son una realidad y no podemos ignorarlas, sino más bien tratar de que no afecten tan fuertemente a nuestros hijos y sobre todo al concepto que ellos se formen del ministerio pastoral.

En este aspecto, nuestra mayor preocupación e interés debe ser la de que nuestros hijos hagan una decisión por Jesucristo como Salvador personal y ayudarlos a crecer en la vida cristiana.

También debemos tener cuidado con *nuestra* actitud hacia el ministerio pastoral, ya que si ellos están constantemente escuchando y percibiendo quejas y más quejas, sin duda que esto va a influir en el concepto y valor que otorguen al ministerio pastoral. Por el contrario, nuestra actitud positiva y de verdadera entrega al ministerio y a la gente de la congregación creará en ellos, de seguro, una misma actitud de servicio.

Es importante también que reconozcamos que el actuar como fiscalizadores de nuestros hijos, sobre todo cuando éstos están jóvenes, creará más presión sobre ellos de la que normalmente ya tienen por el hecho de ser hijos de un pastor. Será muy conveniente que procuremos crear un ambiente de confianza y respeto hacia ellos. Si dedicamos suficiente tiempo para escucharlos, saber cómo piensan y sienten; con un poco de esfuerzo y sabiduría divina sin duda que haremos de nuestros hijos personas seguras de sí mismas y no unos resentidos hacia los asuntos espirituales.

Rutina familiar vs. trabajo pastoral

Este es otro aspecto que debemos considerar en cuanto a los hijos de pastores y su actitud hacia el ministerio pastoral. Se dice un poco en serio y un poco en broma que en "la congregación todos tienen un pastor, menos la familia del pastor". He aquí las preguntas que formulamos y las respectivas respuestas que dieron los hijos de pastores sobre este tema.

1. ¿Debe ser el trabajo pastoral lo primero en la vida del pastor y su esposa?

* Todos los encuestados contestaron con un rotundo: No.

2. ¿Qué opinas del pastor que dedica casi todo el tiempo al trabajo de la iglesia y se olvida de su familia?

* Que no es buen administrador de todo lo que Dios le ha dado para administrar. Cuando así sucede queda muy bien el refrán: "En casa de herrero cuchillo de palo."
* Está bien que dedique tiempo a la iglesia y se preocupe por que crezca, pero no debe olvidar que su familia también lo necesita.
* Pienso que aunque está dedicando eficazmente su tiempo a la iglesia, hace muy mal tratando de resolver los problemas de otros, pero descuidando los de su familia.
* Pienso que el pastor debe cumplir su labor pastoral sin descuidar sus obligaciones familiares.
* Ambas cosas son importantes y Dios le va a pedir cuentas por las dos.
* El pastor es responsable por enseñar a sus hijos a ser responsables al igual que debe preocuparse por el desarrollo espiritual de los hermanos en la iglesia.

3. ¿Qué consideras debe ser lo primero para el pastor?

* La familia, puesto que fue lo primero que Dios creó.
* Debe preocuparse con equilibrio de ambas cosas.

4. ¿Qué sugerencias darías a los pastores y a sus esposas para que ayuden a sus hijos a disfrutar del hecho de ser hijos de pastores?

* Si los padres dedican buen tiempo a sus hijos

(tiempo en calidad y cantidad) y, a la vez, tienen una buena iglesia, los hijos se van a sentir seguros y felices.

* En lo posible, sistematizar las actividades familiares. Separar una hora fija, ya sea una vez por semana o al mes, para conversar sólo de lo que le interesa a la familia, de los planes y proyectos para el futuro. Quizá organizar paseos familiares cada dos meses. Celebrar, entre familia por lo menos, los cumpleaños de cada miembro.

* Ser un ejemplo de lo que predican y enseñan a los hermanos y preocuparse por las necesidades de la familia primero para luego preocuparse por las necesidades de los demás.

* Interesarse por saber cómo piensan sus hijos y no sólo tratar de imponer sus ideas.

Debemos dar a estas respuestas el suficiente valor como para hacernos pensar en lo importante que es para nuestros hijos y para nosotros el que amen el trabajo de la iglesia y no que se despierte un desinterés por parte de los hijos y, peor aún, el completo rechazo a todo lo que tenga que ver con la iglesia.

Como esposas de pastores jugamos un papel muy importante en este sentido y nuestra participación debe ser la de buscar el equilibrio entre estas dos fuerzas: Iglesia—Familia.

La esposa del pastor debe ser la voz de alerta si acaso el pastor ha perdido el control y se encuentra dedicando más tiempo a las labores de la iglesia que a su propia familia.

Podemos ser de valiosa ayuda manteniendo una agradable rutina en lo que respecta a horarios de comida, reuniones familiares especiales, culto familiar, cumpleaños, aniversarios, vacaciones, paseos ocasionales de recreación familiar.

Sé que lo sabes, pero permíteme recordarte que la oración y el diálogo constante con nuestro esposo e hijos, serán, en esta y en todas las situaciones que se nos presenten, nuestros mejores aliados para salir avante y disfrutar de la alegría y doble bendición de tener una familia y a la vez servir a Dios por medio del ministerio pastoral.

Cambio de pastorado y cómo influyen sobre los hijos

Lo ideal para un pastor y su familia sería que no se

produjeran muchos cambios de pastorado pero por circunstancias que a veces no podemos controlar humanamente, éstos llegan a producirse, trayendo consigo las naturales consecuencias que produce todo cambio en cualquier aspecto de la vida.

Es inevitable que durante el ministerio pastoral se produzcan cambios. En el mejor de los casos, estos cambios pueden ser positivos; pero en otras ocasiones, pueden acarrear desajustes para toda la familia pastoral.

Si bien es cierto que el llamado pastoral no involucra a los hijos sino sólo al pastor y su esposa, cuando los hijos son todavía dependientes de sus padres tienen que ir a donde ellos vayan, sin opción a decidir u opinar por sí mismos.

Existen algunos aspectos que quisiéramos considerar más de cerca en relación con este tema para lo cual presentamos algunas preguntas con sus respectivas respuestas.

1. ¿Qué piensas de los cambios de pastorado?
   * Son mitad buenos y mitad perjudiciales.
   * Son divertidos, interesantes y a la vez tristes.
   * Vienen bien de vez en cuando, siempre que no afecten la educación de los hijos.
   * Son oportunidades si los padres los enfrentan con una actitud positiva.
   * Son un problema si los padres los enfrentan con una actitud negativa.
   * Son una oportunidad para volver a triunfar en el ministerio, sobre todo cuando los padres se sienten seguros de haber sido llamados a ese lugar.

2. ¿Qué es lo que más afecta a los hijos cuando se producen cambios de pastorado?
   * El cambio de ambiente
   * Dejar a los amigos
   * Adaptarse a nuevas costumbres
   * Adaptarse a otros horarios y condiciones de clima
   * Tener que perder sus antiguas amistades de la iglesia, colegio, familia y vecindad
   * Tener que hacer ajustes para adaptarse a un ambiente nuevo y quizá totalmente diferente del que estaban acostumbrados
   * Tener que sacrificar estudios o intereses particulares en relación con el ambiente que dejan

3. ¿Qué estrategia ayudaría a la familia pastoral a suavizar los efectos del cambio?

* En lo posible, tratar de tener una idea del lugar donde van a ir.
* Ayudaría mucho conseguir fotografías e información suficientes si las hay.
* Mantenerse en constante oración para que el Señor confirme el llamamiento del cambio.
* Pedir oración a los familiares y amigos creyentes.
* Si es posible, hacer un viaje de reconocimiento del nuevo lugar.

4. ¿Cómo pueden ayudar los padres a suavizar los efectos del cambio?

* Mantener una actitud positiva y de fe.
* Desarrollar una buena comunicación con los hijos que les permita ventilar sus temores y expectativas.
* Orar con cada uno de sus hijos en particular.
* Cuando ya están en el nuevo lugar, tratar de encontrar nuevos amigos y fomentar esas relaciones.
* Pasar más tiempo con sus hijos y fomentar el juego y la alegría familiares.

La actitud que asumen los hijos del pastor frente a un cambio, depende del modo como el pastor y especialmente la esposa del pastor reciben esos cambios. Todo cuanto ellos piensen y digan será asimilado por los hijos. De tal manera que, si las reacciones son negativas, negativos serán los efectos que produzcan en sus hijos.

No todo es negativo cuando se producen cambios. En realidad, todo cambio implica también desafíos nuevos que enfrentar y metas nuevas que alcanzar, y esto se aplica también para el pastor y su familia. Entre estos desafíos podemos mencionar los siguientes:

1. La apertura de un horizonte nuevo en conocimientos, trato con otras personas de diferentes costumbres y culturas, experiencias diferentes, en fin toda una gama de vivencias que en sí ya se constituyen en un desafío.

2. La seguridad de que el gozo y presencia del Señor estarán con cada uno de ellos en cualquier parte del mundo.

Como esposas de pastores en particular, existen algunas actividades que podemos hacer para ayudar a nuestros hijos a enfrentar y superar los efectos naturales que produce todo cambio, tales como:

1. Hablar del asunto en cuanto se tenga una idea clara de que se va a producir un cambio, no tanto para buscar la opinión de los hijos, sino para ir colocando en sus mentes la idea del cambio.
2. Proveerles de la mayor información posible acerca del nuevo lugar, las personas y el ambiente en general.
3. Enfocar lo positivo del cambio en los aspectos de servicio y educación.
4. Enfrentar el cambio con optimismo y confianza de que Dios está guiando las decisiones.
5. Mantener un espíritu de oración constante para que todos se sientan unidos y con la necesaria paz mental y espiritual para enfrentar el cambio.

Podemos concluir este punto diciendo que, cuando los padres asumen actitudes positivas frente al cambio, los hijos tratarán de imitarles desarrollando actitudes positivas también frente a cualquier circunstancia de la vida.

Participación de los hijos en el ministerio pastoral

Este es otro tema que interesa conocer a las que tenemos el doble privilegio de ser madres y ser esposas de pastores.

Quizá en algún momento nos hemos hecho preguntas como: ¿Hasta dónde debo exigir a mis hijos para que participen en el ministerio pastoral? ¿Cuál es la mejor edad para empezar a solicitar la ayuda de ellos? ¿Cuál debe ser mi participación en relación con la colaboración de los hijos en el ministerio pastoral?

En relación con este tema presentamos algunas preguntas con sus respectivas respuestas.

1. ¿Qué opinas de la participación de los hijos en el ministerio pastoral?

> * Es una demostración de amor y gratitud al pastor que sabe ser buen padre para sus hijos.
>
> * Es muy importante que los hijos ayuden voluntariamente (sin presión), porque así hay unidad en la familia y comprensión en el trabajo del ministerio.

* Pienso que es muy importante la participación si realmente se siente el deseo de hacerlo. Si lo hace sólo porque no le queda más, no creo que sea muy saludable.
* Creo que si es algo que lo hacemos voluntariamente y sin presión de ninguna clase, es fantástico.
* Considero que es algo impactante sobre todo para los amigos inconversos y además sirve como una motivación para los mismos jóvenes de la iglesia.
* Es una oportunidad de colaborar en equipo junto con su padre y desarrollar los dones y habilidades para trabajar con personas.
* Ayuda al hijo a comprender mejor el ministerio de su padre como pastor.
* Debe ser una colaboración voluntaria, nunca una obligación o para aparentar o exhibirse ante la congregación.
* Debe ser una demostración de gratitud a Dios por su amor y misericordia.
* Veo la participación como una manera positiva de descubrir y desarrollar los dones que Dios les ha dado.
* Debe ser una decisión personal del hijo, decisión que él debe tomar sin presiones ni manipulaciones de ninguna clase.

2. ¿Qué opinas de exigir a los hijos que participen en el ministerio?

* No es conveniente, porque los hijos de pastores también son personas que pueden decidir por sí mismas.
* Creo más bien en una motivación que en una exigencia.
* Antes que exigirlo se lo debe fomentar en la medida en que los hijos van haciendo conciencia de lo que es el ministerio, para que en lo poco o mucho que hagan tengan la oportunidad, no sólo de mostrarse como colaboradores de su padre, sino de desarrollar respeto, honestidad y amor hacia el ministerio. Porque de lo contrario se corre el grave peligro de caer en el exhibicionismo, con todas sus consecuencias.

* No debe exigirse la participación porque puede producir repudio a todos los asuntos espirituales.
* No pueden ni deben.
* No necesariamente porque el papá es el pastor, la congregación debe ver al hijo del pastor como "el pastorcito".

Como esposas de pastores, ¿cuál debe ser nuestro papel para ayudar a nuestros hijos en este aspecto tan importante de colaborar en el ministerio?

Entre tales aspectos, podemos mencionar los siguientes:

1. En primer lugar, debemos conceder la debida importancia al ministerio de la oración intercesora por cada uno de nuestros hijos.

2. Será conveniente buscar oportunidades para invertir cada día tiempo con cada uno de nuestro hijos; para escucharlos, conversar o simplemente estar juntos.

3. No permitir que la queja sobre el trabajo ministerial sea el único lenguaje que nuestros hijos conocen. Tratemos de dar énfasis a lo positivo.

4. Cuidar que nuestra vida diaria refleje nuestras creencias en lo que la Biblia enseña.

Apreciada amiga y compañera en el ministerio, espero que al conocer cómo piensan algunos hijos de pastores sobre aspectos importantes del ministerio pastoral, te haga más apta para poder ayudarles y orientarles en los momentos que ellos más lo necesiten, con el fin de que crezcan y se desarrollen sin mayores frustraciones y, lo que es mucho mejor y deseable, sin rechazar el ministerio pastoral.

LA ESPOSA DE PASTOR
COMO
COMPAÑERA EN EL MINISTERIO

10

Su propio llamado

Alicia de Zorzoli

▪ ▪ ▪ ▪ ▪ ▪ ▪

La autora nació en Uruguay y pasó casi toda su vida en Argentina.
Es Licenciada en Teología del Seminario Bautista de Argentina y Master of Divinity en el Seminario Teológico Bautista de Fort Worth, Texas.
Colaboró activamente en la Convención Nacional y la Convención Femenil en Argentina, especialmente en el área de Publicaciones.
Fue profesora en el Seminario Bautista de Argentina por 12 años, donde también desempeñó otros cargos.
Actualmente es Directora del Departamento de Misiones de la Casa Bautista de Publicaciones.
Es madre de dos hijos.

Hay algo que voy percibiendo cada vez con más claridad: las esposas de pastores no son todas iguales. Y sospecho que no hay dos que funcionen de la misma manera. Aparte de las diferencias lógicas de cada individuo, creo que podría formar una galería de esposas de pastores que conozco y ¡por cierto que no se parecen en nada!

Algunas veces encasillamos a las personas de acuerdo a su función, encajen o no en esas casillas. Recuerdo muy bien los ojos desorbitados de una hermana en una iglesia que estábamos comenzando a pastorear, cuando se enteró de que, ¡la esposa del nuevo pastor no tocaba el piano!

Y, ¿qué decir de la ropa? Quizá Chanel o Pierre Cardin deberían dedicar una línea especial de sus colecciones a las esposas de pastores. Por lo menos, así lo creen algunos miembros de nuestras iglesias. Recuerdo a una de ellas, alguien con quien teníamos mucha confianza pues había sido amiga mía desde la infancia. Un domingo por la mañana, al llegar a la iglesia y saludarnos, me comentó: "Hoy viniste vestida como una pastora perfecta."

El aspecto del "llamado" de la esposa del pastor es otro ejemplo. Algunas mujeres se sienten llamadas a ser esposas de pastor; otras se encuentran sorpresivamente en esa posición desde el momento en que su esposo sintió que Dios le llamaba al ministerio pastoral; otras sienten que Dios tiene un ministerio para su vida aparte del de acompañar a su esposo. ¡Y ahora que la *verdadera* esposa de pastor se ponga de pie! ¿Cuál de éstas será? ¡Todas, por supuesto! Yo creo que así como Dios hizo a cada persona diferente, de la misma manera no agotó su originalidad al buscar esposas para los pastores.

Sé que la manera como Dios obró en mi vida puede ser similar a la de muchas esposas de pastor y, a la vez, completamente diferente de la de otras.

Cómo trabajó Dios conmigo

El hecho de haber nacido como miembro del gremio de "los hijos de pastor" hizo que atravesara por todas las organizaciones juveniles misioneras, en ambientes bastante variados. Comencé en los "Rayitos de Sol" en España, seguí en las "Auxiliares de Niñas" en Argentina y terminé en la Sociedad de Señoritas en Uruguay.

Cuando tenía diez años, participando en un campamento de Auxiliares de Niñas, sentí que el Señor me llamaba a su servicio. En ese momento yo no entendía nada en cuanto a las implicaciones de ese llamado, ni qué era lo que el Señor quería que yo hiciera; pero sí sentí que me pedía que le dedicara mi vida completamente a él y acepté ese llamado.

Cuando fui jovencita y tenía que pensar en elegir mi carrera, traté de verme en cualquier otra profesión, pero en ninguna encontraba atractivo para mí. Y así, casi como por eliminación, llegué a la conclusión de que tenía que empezar a prepararme para cumplir con lo que había prometido hacía mucho tiempo. Entonces decidí ingresar al Seminario. Todavía no sabía para qué me iba a preparar. ¿Sería que Dios quería que fuera misionera? ¿U obrera en alguna iglesia? ¿O que trabajara en el campo de la educación o el servicio social? No lo sabía.

Mi decisión de ingresar al Seminario para prepararme para el ministerio fue bastante difícil. En el camino estaba "él"; un joven cristiano maravilloso con el cual éramos novios por más de un año. El estaba realizando una carrera universitaria con la meta de ser doctor en Ciencias Económicas. Y yo pensaba: "¿Qué tienen que ver esas pilas de papeles llenos de números, gráficos y estadísticas con una vocación orientada a servir a otros?"

Y fue así como mi ingreso al Seminario tenía algo de reticente, como "para ver qué pasaba". Participaba en cada una de las clases como una observadora, no me sentía totalmente identificada con lo que estaba haciendo. Dentro de mí había una lucha entre dos fuerzas que tiraban en direcciones opuestas. Por un lado estaba Rubén, el amor que sentíamos, el hecho de que no podía imaginar mi vida sin él, y la forma tan exitosa en que él había cumplido más de la mitad de su carrera universitaria. Por el otro lado estaba aquella decisión de dedicarme completamente al Señor, y mi actual preparación en el Seminario. ¿Sería que me había equivocado en uno de esos dos aspectos? ¿Sería que había interpretado mal la dirección del Señor?

En mi cabeza le daba vueltas y más vueltas al asunto, buscando la manera de reunir ambas cosas. Pensaba que quizá Dios tendría una categoría de siervos que yo no conocía: la de "esposa de economista-misionera". Por más que buscaba una salida, no veía nada que se me presentara como la solución.

Hasta que una mañana temprano, no pude más. Sentí como si algo estallara dentro de mí. Y en una oración que fueron muchas lágrimas y pocas palabras, no hice más que repetirle "sí" al Señor. Con eso le estaba diciendo que "sí" quería que él tomara el control de mi vida, que "sí" iba a dejar que él arreglara las cosas en vez de seguir rompiéndome yo la cabeza tratando de solucionarlas a mi manera. De ahí en adelante, eso fue exactamente lo que Dios hizo. Parecía como si me estuviera diciendo: "Bueno, ¡por fin! ¡Era hora!"

El rompecabezas se comenzó a armar. Dios hizo dos cosas importantes. La primera fue llamar a Rubén al ministerio pastoral. Yo no le había comentado nada de mi lucha interior. Cuando conversábamos sobre nuestro futuro, él me decía que quería servir a Dios a través de su profesión. Yo no quería influir sobre sus decisiones. Pero él sintió un claro llamado a cambiar el rumbo de su vocación, y lo aceptó. La segunda cosa que hizo Dios fue mostrarme los campos en los que me quería usar. Al empezar mi segundo año en el Seminario estaba segura de tres cosas: me gustaba enseñar, tenía facilidad para escribir y, ¡me apasionaba predicar! De ahí en adelante mi vida empezó a "andar sobre rieles". Rubén ingresó al Seminario y yo ya no me sentía una "observadora" sino que ahora ya tenía una idea del "para qué" me estaba preparando.

Cuando nos graduamos del Seminario y fuimos, ya casados, a pastorear la que fue nuestra primera iglesia, yo pensaba que "me las sabía todas". ¡Qué equivocada estaba! ¡Cuánta paciencia mostraron los hermanos conmigo!

Sin embargo, en todos nuestros pastorados Dios me dio la oportunidad de usar aquellas capacidades que yo había descubierto como mis "puntos fuertes". Y el canal que Dios usó para esto fue, y sigue siendo, mi esposo. Rubén siempre reconoció lo que a mí me gustaba hacer, especialmente en el campo de la predicación, y me dio la oportunidad de hacerlo. Además, siempre estaré agradecida al ambiente en el que nos tocó ministrar, porque en Argentina la mayoría de nuestras iglesias son abiertas al hecho de que una mujer predique y lo aceptan como algo natural. Muchos fueron los domingos en que mi esposo salía para una iglesia y yo para otra, a cumplir con nuestro ministerio de predicación. Y también se dieron las oportunidades en que mi esposo estaba viajando y era "la pastora" la que ocupaba el púlpito.

Pero la predicación era una de las tres capacidades que yo sentía que Dios había puesto en mí. Otra tenía que ver con la enseñanza. En este aspecto, el Señor nos mostró que quería usarnos en la preparación de otros para el ministerio. Así fue que fuimos nombrados profesores en el Seminario Teológico Bautista en Buenos Aires, Argentina. Y durante doce años estuvimos compartiendo las aulas y la vida con un grupo hermoso de jóvenes y señoritas preparándose para servir al Señor. Durante nuestros últimos años allí, tuve el gozo de enseñar la materia de Predicación, por lo cual me sentía doblemente bendecida.

Faltaba sólo un aspecto; la escritura. Cuando estudiaba en el Seminario, una de mis profesoras tenía la costumbre de realizar una entrevista personal con cada uno de sus alumnos al finalizar el curso. Entonces ella hacía su evaluación general y presentaba su opinión en cuanto a lo que creía eran las habilidades y las carencias de cada alumno. Cuando me llegó el turno, ella me dijo: "Alicia, por tus exámenes y tus trabajos creo que tienes mucha facilidad para escribir y el Señor te puede usar en ese campo." A mí me extrañó porque era algo que yo no había advertido en mí (¡soy terrible para mantener al día mi correspondencia!). Pero Dios abrió puertas. Desde que egresé del Seminario tuve el gozo de participar en el ministerio de la palabra impresa, ya sea con la Convención de Iglesias, como con la Convención Femenil. Y allí hubo artículos, tratados, participación en libros y otros trabajos que me introdujeron en el "arte de escribir".

Después llegó otra etapa. Por razones que sólo Dios conoce, él nos mostró que debíamos "dejar nuestra tierra y nuestra parentela" y venir a servirle en la Casa Bautista de Publicaciones. Y aquí estamos, después de muchos "por qué" y muchos "para qué". Mi tarea aquí no es la de escribir libros, sino la de editar lo que otros escriben y colaborar así en este ministerio.

Cómo obra Dios con otras.

Después de este vistazo hacia atrás y de ver cómo Dios me fue revelando su plan *a su tiempo,* y de haber compartido experiencias con amigas muy queridas en el ministerio, encuentro algunos aspectos comunes que, creo, conviene destacar en cuanto al llamado de la esposa del pastor.

1. Creo que, por lo general, la esposa del pastor tiene un llamado personal y concreto.

Como mencioné al comienzo, hay varias formas en que se llega a ser esposa de pastor.

a. Algunas mujeres llegan a esta situación como en paracaídas. Cierto día te despiertas y. . .¡oh!, ¡eres la esposa del pastor! Muchas de las mujeres que entran en esta categoría jamás pensaron en algo así para sus vidas. Son los casos cuando el Señor les llama a esa tarea como matrimonio, luego de años de casados, y cuando se están dedicando a otras cosas en la vida. En estos casos, estoy convencida de que el Señor trabaja en el corazón de ambos. Generalmente, lo hace de manera diferente en cada uno, pero llega el momento cuando los dos como matrimonio reconocen claramente que Dios les está indicando el ministerio pastoral como el lugar de servicio para ellos.

Por conversaciones mantenidas con muchas de estas hermanas preciosas, advierto que hay reacciones que son bastante comunes en estos casos.

Una reacción es el rechazo. Muchas veces este llamado viene cuando ya la familia está establecida y las cosas van más o menos encarriladas. Ahora parece que tuvieran que tirar abajo todo y empezar de nuevo una aventura diferente. En nuestra situación latinoamericana cuesta mucho establecerse como familia, establecerse en un trabajo y tener un futuro más o menos asegurado. Y, a medida que pasan los años, se hace más difícil hacer un cambio de esa magnitud, especialmente para las mujeres.

Otra reacción es la de decir: "¿Y ahora qué hago?" Hay mujeres que, aunque están seguras del camino que el Señor les está señalando, se sienten incapacitadas para enfrentar la tarea. Una de estas hermanas me comentaba: "Yo no estoy preparada para esto. Cuando realicé mi preparación académica apuntaba hacia otra dirección. ¡No sé ser esposa de pastor!" Sin embargo, es hermoso ver cómo el Señor va haciendo su obra en esas vidas. A veces casi se puede ver y palpar ese proceso. Y, en muchos casos que pude observar, terminan encontrando que tienen mucha oportunidad de usar sus dones y preparación particulares para enriquecer el ministerio que Dios les presenta como matrimonio.

En nuestros años como profesores en el Seminario tuvimos oportunidad de compartir casos así. Había un matrimonio al que Dios había llamado siendo ya mayores. Hacía muchos años que no realizaban estudios formales. El estudio metódico se les hizo muy difícil. Los demás estudiantes los llamaban cariñosamente "los abuelos". Sin embargo, era a ellos a quienes acudían ante una emergencia, o cuando necesitaban un consejo. Esta hermana era la primera en acudir a prestar su ayuda frente a cualquier dificultad. Muy pronto encontraron que estaban realizando un ministerio entre el grupo de futuros pastores.

b. Otras mujeres han sentido que el Señor las llamaba al ministerio al mismo tiempo que les mostraba el compañero para su vida. Una linda y afortunada joven me compartía una vez: "Dios 'se pasó' conmigo; ¡en un mismo día me dio un esposo, un pastor y una vocación!" Estas personas pueden afirmar con plena certeza que Dios contesta las oraciones con superabundancia de bendiciones.

c. En otros casos, como en el mío, Dios llama a cada uno de los miembros de la pareja en diferentes tiempos. Al principio puede parecer que se crea una situación muy difícil porque hay intereses que no son los mismos. Pero hay un momento en el que las piezas del rompecabezas comienzan a encajar perfectamente y se puede ver la armonía del trabajo de Dios.

Puede haber muchas otras formas en las que Dios llama a sus hijas a compartir el ministerio pastoral con sus esposos. Pero hay algo que es común a todas y es que siempre hay un llamado personal y concreto. Puede ser que uno esté remendando redes o debajo de una higuera (o lavando los platos o en la oficina), pero Dios nos ha llamado a cada una por nuestro nombre. Con esto quiero decir que creo que, de una u otra manera, Dios llama a la esposa del pastor personal e independientemente del esposo. Hay mujeres que creen que, porque Dios llama al esposo a ser pastor, ellas reciben una extensión o un eco de ese llamado. Entonces ven su vida de servicio como algo indirecto que realizan a través de otra persona. Puede ser que en algunos casos sea así, pero pienso que es muy difícil que una esposa de pastor pueda cumplir fielmente su ministerio y, a la vez, sentirse feliz de poder realizar su vocación si no siente que Dios le ha llamado como individuo y le ha mostrado cuál es el lugar que él tiene para ella.

2. La otra cosa que aprendo de mi experiencia es que la respuesta a ese llamado implica tener una mente abierta. A mí me gusta planificar todo. Hago listas de las tareas principales de la semana, de las cosas que vamos a llevar a nuestras vacaciones, de lo que necesito comprar para la comida (aunque a veces llego al mercado y me doy cuenta de que dejé la lista en casa). Pero

descubrí que no puedo hacer lo mismo con el plan de Dios para mi vida. El me lo fue mostrando a medida que marchábamos. Dios no me dijo: "Alicia, tú vas a ser esposa de pastor. Tus responsabilidades son tal y tal, y tu horario de trabajo será de tal hora a tal hora." Más bien, me identifico con el llamado que recibió Pablo cuando el Señor le dijo: "Levántate y entra en la ciudad, y se te dirá lo que debes hacer" (Hch. 9:6). Lo que él esperaba de mí era la disposición a marchar. Y realmente, me llevó por caminos que yo nunca hubiera imaginado.

Recuerdo el caso de una alumna en el seminario. Ella sentía que quería servir al Señor en cierto ministerio específico. Pero no se le presentaba la oportunidad. Vino a conversar conmigo y me compartió que su oración al Señor era que él abriera una pequeña rendija, una ventanita por donde tener acceso a ese campo de labor. Tiempo después volvió a mi oficina y me dijo: "¿Sabe una cosa? Yo oraba para que el Señor me abriera una ventana y él abrió un portón."

Esa es también mi experiencia. Muchas veces el Señor me abrió portones. Pero también hubo casos en que él cerró alguna puerta por la que me hubiera gustado entrar. Creo que todo eso forma parte del aprendizaje de las "cosas grandes y ocultas" que aún no conozco. Como tampoco conozco cómo será mi mañana. Pero una cosa sé: desde el momento que el Señor me llamó y yo acepté ese llamado, mi vida nunca estuvo vacía ni hubo lugar para el aburrimiento. Hay muchas cosas que no hice como debiera y que quizá ahora las haría de otra manera. Muchas veces el Señor tiene que trabajar duro conmigo, y todavía no terminó con mi vida. Pero seguimos caminando juntos. Tengo el gozo de participar de alguna manera en el ministerio de mi esposo, pero también tengo un lugar de servicio que es mío, que me gusta y que quiero que el Señor me enseñe a ocuparlo dignamente para su gloria.

11

"Detrás de cada gran hombre. . ."

Sofía de Garay

La autora es una simpática mexicana. Realizó estudios como Secretaria Bilingüe Ejecutiva. También estudió para Locutora.
Es Bachiller de Educación Cristiana en el Seminario Bautista de México.
En su ministerio cristiano sirvió en los campos de medios masivos y de música.
Participó activamente en la obra juvenil y femenil.
Fue misionera en una iglesia de su país.
Es madre de una preciosa niña.

Quizá usted ha escuchado la frase: "Detrás de cada gran hombre, existe una gran mujer." En una época en la que el feminismo ha querido igualar en todo y por todo a la mujer con el varón, tal vez esta expresión haya perdido valor. Sin embargo, y evitando entrar en una polémica, en mi larga soltería yo me preguntaba con frecuencia: "Y, ¿dónde estará el hombre que debe estar frente a mí?"

Desde luego esta inquietud no obraba en respuesta a la desesperación o soledad ya que Dios me había permitido la oportunidad de servirle en un hermoso ministerio a través de los medios masivos. Con todo esto, yo bien sabía que Dios tenía alguien para mí. Una persona muy especial que tomando mi mano emprendería un viaje de fe hacia el servicio del Señor.

Fue así como llegó la respuesta; debo confesar que mucho

más completa de lo que yo esperaba. Un hombre con un profundo amor a Dios y con un llamamiento para servirle íntegramente.

Cuando el que hoy es mi esposo me propuso matrimonio, yo sabía que junto a su compañía, a su apellido y a su protección, estaba proponiéndome también un paquete de aventuras que sólo pueden explorar aquellos que son llamados al pastorado.

¿Seré la ayuda idónea para él? ¿Podré ajustar mi ministerio para convertirme en su compañera? ¿Lograré llegar a ser ayuda y bendición en mi nuevo traje de esposa de pastor? Estas y muchas otras preguntas surgieron en mi mente cuando empezamos a hacer nuestros planes para la boda y el traslado a una pequeña iglesia ubicada en el centro de nuestro país.

Habiendo recibido el llamamiento para el ministerio desde muy pequeña y ya con más de diez años de experiencia en el servicio misionero, pensé que no sería muy difícil hacer un ajustecito aquí y otro por allá para estar lista y ponerme al lado de mi esposo procurando sacar adelante el trabajo pastoral.

Sin embargo, no había enfrentado la realidad de que una cosa era servir al Señor como soltera, y otra muy diferente llenar el modelo que las iglesias tienen de una esposa de pastor efectiva: callada, superdotada y con un carácter a prueba de todo contratiempo.

Que sepa tocar el piano

Dios había llamado a mi esposo para servirle en un hermoso estado de la República Mexicana. Entre las iglesias de esta región, el distintivo primordial de una buena esposa de pastor era que supiera tocar el piano. No necesariamente pedían a una virtuosa del teclado, bastaba con que pudiera acompañar los cantos congregacionales.

En mis años de seminarista nunca me había destacado en este arte, así que cuando se terminó el requisito indispensable para cursar esta disciplina, no dudé ni un momento en tomar otro énfasis en mi preparación ministerial. Como soltera, esto no fue motivo de problema para el desempeñe de mi servicio; pero cuando se empezaron a dejar escuchar los primeros acordes de la marcha nupcial, yo sabía que cualquier iglesia con este concepto tradicional pediría que yo supiera tocar el piano. Lamentablemente, no estaba equivocada.

Cuando la iglesia que hoy pastorea mi esposo supo que éste iba a contraer matrimonio, ¿puede imaginar usted cuál fue la primera pregunta que hicieron en cuanto a mis capacidades? ¡Acertó!

Me preocupaba que mi falta de habilidad en esta área pudiera entorpecer alguna invitación al pastorado para mi esposo, pero era mi deber reconocer honestamente que no estaba dotada para ese don. "Por favor, diles que no sé tocar el piano", fue mi primera reacción ante mi esposo que sonreía mientras me comentaba cómo los hermanos esperaban ansiosamente a la esposa de su pastor para que tocara los himnos.

Desde luego, mi esposo había sido honesto con ellos. Sin embargo, algunos pensaban que era excesiva modestia de mi parte y que en cuanto llegara tronaría mis dedos en un ademán profesional y me sentaría a ocupar el digno lugar de esposa de pastor, . . . frente del piano.

Llegamos pues al primer domingo de actividades. Los hermanos se mostraban expectantes pues habían estado algunos meses sin pastor antes de que mi esposo llegara y pasaron dos más antes de que contrajésemos matrimonio. Cuando nos disponíamos a cantar el primer himno congregacional hubo gran sorpresa para algunos cuando, en lugar de pasar frente del piano, tomé el himnario y me propuse dirigir el canto. Muchos ni siquiera podían seguir la letra de la primera estrofa pues no estaban acostumbrados a ver a una mujer al frente, mucho menos en la plataforma. Posteriormente, invité a los hermanos para que formaran parte del coro que estaríamos organizando esa misma tarde.

"Pero, ¿cómo va a organizar un coro si no hay quien toque el piano?", alcancé a escuchar a algunos de los hermanos ancianos en la congregación. Por enésima vez, alabé al Señor por el maravilloso invento de las pistas instrumentales con los himnos, que permiten que personas con pocos recursos en sus iglesias puedan tener un amplio ministerio musical.

Ha pasado el tiempo, hoy nuestra iglesia tiene dos coros: uno de adultos con 25 miembros y otro infantil que siempre deja un hermoso sentir de dulce alabanza después de sus presentaciones. Además, nuestra iglesia ha despertado a un nuevo énfasis en el ministerio musical. Todos hemos aprendido. Mi iglesia sabe ahora que, sin excepción, todos hemos recibido dones dados por la gracia del Señor. Yo también tuve que entender que debo servir al Señor al lado de mi esposo sin la frustración de lo que no sé hacer, y trabajar en lo que sí puedo hacer.

Procuro, desde luego, aprender aquello que hace falta en la obra del Señor, pero siempre en el gozo de saber que mientras aprenda lo que no sé, puedo estar ocupada desempeñando aquello que Dios me ha permitido saber hacer. ¡Gloria al Señor porque él nos habilita para que podamos servir en su obra!

Ubicándose en un lugar debido

Nuestra iglesia está rodeada por el campo indígena purépecha de la región michoacana. Esto nos da grandes posibilidades de servicio misionero y, además, el privilegio de conocer y tratar de cerca a una hermosa pareja de misioneros que sirve al Señor en este campo. El ha servido como misionero entre los indígenas purépechas, siendo él mismo un indígena. Su esposa es una dulce mujer con amplia preparación que vino a servir en este campo cuando se casaron.

Cuando les vi por primera vez, pensé ingenuamente que siempre habían tenido la comunicación y la comprensión que irradian cuando están juntos. Conforme les conocimos mejor y al recibir el honor de su confianza, nos dimos cuenta de que su actual bienestar matrimonial era el fruto de muchas tensiones y algunos errores que les permitieron aprender en sus ya casi cincuenta años de matrimonio.

La enseñanza que más me ha ayudado es la manera en que ella pudo ubicarse en su papel como esposa de un misionero a quien tantas personas le reclaman su atención.

La hermana fue, en su soltería, una persona con una posición económica desahogada. Un día llegó un joven misionero purépecha a hablar a la iglesia a la cual ella pertenecía. Dios habló a sus corazones manifestándoles su voluntad para que formaran una pareja y, después de un tiempo de noviazgo, la hermana aceptó a este hermano y a su ministerio entre los indígenas.

Salió pues de su tierra y de su parentela para llegar con su esposo a un campo desconocido y agresivo pues, en aquellos tiempos y en esa región, el evangelio se sembraba con sangre.

Después de haber sido una señorita admirada por muchos

jóvenes, de saborear el hecho de ser líder en muchos aspectos en la obra de su iglesia y su estado; de pronto la hermana Lidia pasó a ser "sólo" la esposa del misionero Antonio Aparicio. Quienes han pasado por esto, comprenderán que no es fácil dejar de tomar la palabra para opinar o para aconsejar cuando no es a nosotras a quienes se les solicita el consejo. No es nada sencillo ubicarse a un lado del esposo mientras las otras personas de la congregación le toman por el brazo y le piden un tiempo a solas para hablar de sus problemas. Ante el carácter dinámico de la hermana, sólo le quedaba una solución: ganar el respeto y la confianza de las mujeres para ofrecerles su ayuda. Sin embargo, había un problema, ¿cómo lograría esto sin opacar a su tímido esposo? ¿O bien, sin dar a los demás la impresión de ser ella quien estaba pastoreando la congregación?

Fueron muchas horas dedicadas a la oración las que le llevaron a encontrar el balance justo ubicándose en el lugar debido. Hoy, después de casi 50 años de ministerio entre los indígenas, la hermana Lidia de Aparicio goza del respeto y la confianza de toda la comunidad, pero sigue estando siempre en el debido orden divino, sujetándose a su esposo y siendo una ayuda idónea para él.

Al estar junto a ellos las horas se pasan sin sentir escuchando la manera en que juntos fueron descubriendo que la verdadera felicidad como pareja está, no sólo en apoyar, sino también en aprender a recibir uno del otro.

"Hermana", me dijo cuando supo que me encontraba ocupada tratando de ordenar mis ideas para escribir este capítulo, "lo más importante es aceptar que uno sólo ha sido escogida para tomar la mano de un siervo de Dios y sostenerlo en los momentos difíciles. El diablo sabe que cuando un creyente cae, algunos caen con él, pero cuando un pastor cae, toda una congregación se daña. He aprendido a estar cerca de mi esposo respetándolo y amándolo de tal manera que no me importa permanecer callada mucho rato mientras Dios lo usa a él para ministrar a los hermanos."

La oración no es un consejo fácil de seguir, aunque así lo parece de momento. Con lamentable frecuencia, estamos tan ocupadas en los diferentes trabajos del hogar que descuidamos el precioso tiempo que debemos pasar en la oración. Sin duda la hermana Lidia encontró el secreto para recibir la sabiduría que es indispensable para ser la compañera idónea en el ministerio de un siervo de Dios.

No estamos en competencia

Al contar mis bendiciones, una que se destaca sobremanera es la que Dios me dio al tener por padre a un ministro. Un hombre admirable que ha ejercido dignamente su ministerio durante 32 años. Junto a él, mi madre ha sabido vivir con ejemplar sumisión su responsabilidad de esposa y madre.

Un día, en la celebración del Día del Pastor, vi cómo mi madre sonreía ante las muestras de amor que recibía mi padre de parte de la congregación que entonces pastoreaba. Yo pensé en ese momento, "Bueno, ¿cuándo celebran las iglesias el día de la esposa del pastor?" Desde luego, en ese tiempo yo no estaba casada, ni sabía que Dios había preparado que yo perteneciera al honroso gremio de estas mujeres.

Al llegar a casa no pude reprimir la pregunta a mi mamá: "¿No te sientes mal de que sólo le ofrezcan regalos a mi papá?" Con una seguridad que no dejó lugar a dudas ni a egoísmo, mi mamá me contestó: "Mira, hija, cuando veo que un pequeño parvulito se acerca a tu papá y le dice en su media lengua 'pastor' siento el corazón inundado de gratitud por el privilegio de compartir a tu padre con tantas personas de diferentes edades que reclaman su atención. Así pues, cuando veo que lo respetan y lo aman y aun ocupan un día para reconocerle, yo me siento profundamente agradecida al Señor. Entiende esto, yo no estoy compitiendo con tu papá, formamos el mismo equipo."

Esa idea tomó vida años después cuando yo tuve que estar al lado de un siervo de Dios como su esposa. Cuando parece que el trabajo de la esposa queda en la sombra y que el reconocimiento es sólo para el varón, recuerdo lo que mi mamá me dijo en aquella ocasión, "no estoy en competencia con mi compañero, formamos el mismo equipo."

Este consejo ha sido efectivo especialmente cuando las diferentes actividades parecen separar nuestros esfuerzos, pero la verdadera satisfacción la encuentro cuando confirmo que mi esposo y yo trabajamos en la misma empresa, tal vez en diferentes departamentos pero, al fin y al cabo, con el mismo jefe.

Cuando mi iglesia celebra el día de su pastor, durante los últimos años, invariablemente su servidora recibe también un presente en reconocimiento al apoyo que doy a su pastor. No creo merecerlo, sin embargo, esta práctica es un hermoso aliciente para continuar sosteniendo y apoyando el ministerio de mi esposo en la plena convicción de que formamos un equipo con la misma meta y el mismo esfuerzo.

Por favor, no me ayudes

Aunque parezca mentira, esta suele ser la súplica de algunos pastores hacia sus esposas que en un afán de ayudarles, dañan el ministerio de sus compañeros. Un caso así me tocó vivir muy de cerca con una compañera del seminario que vio sus nobles intentos sucumbir ante la tentación.

Ella y su esposo fueron a servir a un pequeño pueblo en donde la iglesia les ofreció un sueldo muy módico. Al principio no hubo tanto problema, pues los hermanos les suministraban algunos comestibles que hacían más llevadero el escaso presupuesto al que estaban sometidos. Ella, con el entusiasmo del primer pastorado después de los años en el seminario, se dio a la tarea de servir en cualquier lugar donde fuera necesaria. Muy pronto empezaron a ver los resultados de su trabajo en equipo y la iglesia empezó a florecer.

Y quizá por este crecimiento, el diablo empezó a trabajar en la mente de ella pensando en que sus esfuerzos no se veían reconocidos con un sueldo que pudiera venir a reforzar su presupuesto.

La idea fue creciendo hasta que no pudo más que presentarla a la congregación. Los hermanos se quedaron sin entender el porqué la esposa de su pastor estaba pidiendo un sueldo por el servicio que les prestaba. La respuesta fue inmediata, los hermanos se negaron a pagarle a ella, o bien a incrementar el sueldo de su esposo.

Movida al principio por la frustración y después por una mala interpretación de su necesidad se fue a los Estados Unidos a trabajar, dejando a su esposo y a su pequeña hija. El esfuerzo tenía un fondo de nobleza: ella estaba cada día más preocupada por el futuro de su familia y veía cómo lo que la iglesia les pagaba resultaba escasamente suficiente para la alimentación. Así pues, consideró que si la iglesia no estaba dispuesta a reconocer su trabajo debía de ir a buscar un empleo secular y ahorrar para que su hija tuviera asegurado su futuro.

Lamentablemente, el plan no resultó como ellos habían planeado. Ella tuvo que regresar repentinamente por una grave enfermedad de su esposo y las últimas noticias que tuvimos de ellos fueron que él tuvo que renunciar al pastorado de su iglesia.

No sé si deba atreverme a expresar lo que he pensado, pero no he podido dejar de sentir que todo este grave problema fue originado por el deseo que ella tenía de ayudar a su esposo.

Sirvió al Señor esperando un reconocimiento económico y se resintió con una congregación que no supo, en su concepto, valorar su trabajo entre ellos.

Cuando hablamos de trabajar al lado de nuestro compañero en la obra del Señor, no se trata de pensar que debe asignarse un renglón en el presupuesto de la iglesia para reconocer nuestro servicio. Es menester aceptar que servimos al Señor por amor a él y que si en este servicio apoyamos a nuestro esposo, ¡gloria al Señor!

Las prioridades para una esposa de pastor

Siempre que veo a mi pequeña hija dormida, me pregunto ¿hasta dónde puedo ocupar mi tiempo en los trabajos de la iglesia sin descuidar la educación y el desarrollo de mi pequeña?

Debo confesar que en varias ocasiones me he sentido un tanto confundida para decidir dónde termina mi responsabilidad como esposa de pastor y principia mi responsabilidad como esposa de un hombre con la misma necesidad de tener una casa limpia y ordenada, y madre de una hija que está creciendo más rápido de lo que yo puedo controlar. Pero entonces, vuelvo a revisar mi lista de prioridades y me sirve de termómetro para saber si voy por buen camino.

Esta lista desde luego es muy personal, pero yo he colocado en primer lugar a mi Señor. Amo profundamente a mi esposo, pero amo más a mi Dios, así pues el primer lugar de mi vida lo he dedicado a él.

El segundo lugar en mi lista lo ocupa mi familia. Mi esposo y mi hija son un tesoro tan incalculable en mi vida que me siento responsable de su cuidado y atención.

El tercer lugar lo tiene la iglesia. No estoy dispuesta a regatear ni el más mínimo esfuerzo por servir en la obra del

Señor. Reconozco con profunda gratitud que Dios me llamó para servirle no sólo en mi soltería, sino para toda mi vida. Por lo tanto, todo lo que pueda hacer en su obra, estoy a sus órdenes.

Mi lista continúa con otros renglones a nivel personal, pero es mi oración al Señor que las letras brinquen del papel para cobrar vida en mi existencia inútil, pero dispuesta a que el Señor haga lo que en su gracia disponga hacer de mí.

Así pues, y sin pretender establecer un código de normas infalibles para poder vivir apoyando a mi esposo en su ministerio, he decidido que los años que Dios me permita servirle pueda recordar estos principios:

* Es mi privilegio compartir con mi esposo la misión del pastorado, sin estorbarle. ¡Señor, permite que pueda ubicarme en mi envidiable papel de esposa de uno de tus siervos! ¡Dame la gracia de animarle cuando él se sienta abatido, de apoyarle cuando otros le fallen y demostrarle siempre mi amor!
* Es mi responsabilidad procurar que mis acciones sean siempre para apoyar el ministerio de mi esposo. ¡Señor, permite que en todo momento pueda recordar el maravilloso privilegio que me das de trabajar en equipo con uno de tus siervos!
* Es mi deber aprender todo aquello que me permita servir mejor al Señor en mi responsabilidad de esposa de pastor. ¡Gracias, Padre, porque diste a mi vida dones y talentos que puedo poner a tu servicio! ¡Aquí estoy, Señor, sigue trabajando en mi vida!
* Es necesario recordar que sirvo en la iglesia por amor a mi Señor. ¡Te alabo, Dios mío, porque me llamaste a servir en tu obra y porque consideraste mi servicio para unirme a la vida de uno de tus siervos!

Sé que me esperan muchas otras cosas por aprender. Apenas si voy en el despegue de mi largo camino al lado de un siervo de Dios. Tiemblo al pensar en tantos problemas que me quedan por enfrentar, pero estoy convencida de que Dios me llamó para ser esposa de pastor no porque fuera perfecta, sino porque él puede obrar en mi imperfección.

Así pues, mientras sigo mi camino en el ministerio al lado del hombre que amo profundamente, le pido a mi Señor: ¡Permíteme, Padre, que yo sea esa gran mujer que debe estar detrás de este gran hombre que es mi esposo!

12

Mi esposo es el pastor. . . ¿y yo?

Nélida de González

▪ ▪ ▪ ▪ ▪ ▪ ▪

La autora nació en Argentina. Luego de sentir el llamado del Señor estudió en el Seminario Bautista de Argentina donde se graduó en Educación Religiosa. Más tarde hizo estudios de post-grado en el Seminario Teológico Bautista de Fort Worth, Texas.
Fue profesora en el campo de Educación Cristiana en el Seminario Bautista de Argentina.
Actualmente es Directora del Departamento de Escuelas Bíblicas de Vacaciones de la Casa Bautista de Publicaciones.
Es madre de tres hijos.

Al entrar a mi oficina puedo leer en una placa colocada en una de las paredes esta inscripción: "A Nelly de González, NUESTRA PASTORA, Con Cariño y Agradecimiento, Iglesia Bautista Trinidad, Año 1983."

¿Yo pastora? ¡Si el pastor es mi esposo! ¿Yo pastora? ¡Si el "ordenado" es mi esposo! ¿Yo pastora? ¡Si oficialmente la iglesia no tiene "pastora", su "pastor" es Ananías González! ¿Yo pastora? ¡Si el pago mensual viene a nombre de mi esposo, "el pastor"! ¿Yo pastora? ¡Si en las listas asociacionales, convencionales y tantas otras "ales" está sólo el nombre de mi esposo, él es el conocido pastor de esta iglesia! ¿Yo pastora? ¡Si la iglesia cuando escribió la carta de invitación para el pastorado la dirigió a nombre de mi esposo? ¿Por qué, entonces, esto de que ahora me llaman "NUESTRA PASTORA"?

Otra vez me detengo delante de esta pared, vuelvo a leer las palabras impresas en la placa y mi mente se traslada desde esas palabras impresas sobre un metal dorado a muchas otras situaciones en que esas mismas palabras llegaron a mis oídos pronunciadas con "cariño y agradecimiento" por niños, jóvenes y adultos en cada una de las cuatro iglesias en las cuales se nos llamó "nuestros pastores". Es entonces cuando siento en mi corazón una renovada gratitud al Pastor de los pastores (y de las "pastoras") porque un día me eligió y me llamó para ser su sierva.

Al leer el nombre de la iglesia y el año en que me entregaron esta placa, hago cuentas: cinco años desde que iniciamos este, nuestro cuarto pastorado, y quince años desde que entramos con mi esposo en este maravilloso ministerio. No puedo dejar de reconocer que desde la primera entrevista con los diáconos y la comisión de búsqueda de pastor, estuvimos juntos. Desde ese momento comenzamos a orar juntos, a buscar juntos la voluntad del Señor en relación con esta nueva oportunidad de servicio. En la carta de aceptación al pastorado, mi esposo escribió "Estamos convencidos de que es la voluntad de Dios que aceptemos este pastorado." La carta llevó oficialmente la firma de mi esposo, el pastor, pero en esa respuesta también estábamos juntos.

Algo muy importante que siempre me ayudó para lograr el equilibrio que demanda el ser parte de este "equipo pastoral" es decirme muchas veces a mí misma: ¡Cuidado, Nelly!, recuerda las palabras sabias de aquel, tu profesor en el seminario, quien poco antes del acto de graduación te dijo: "Tu esposo será siempre tu pastor." ¡Qué bien me hizo desde entonces saber de antemano que al ser la esposa de un pastor, él sería siempre mi pastor. Quizá resulté para él ser el miembro más difícil de todos a los cuales le tocó ministrar; una cosa es cierta, que soy el más antiguo. . . por 20 años mi nombre está en sus listas de miembros. Pero para mí ha sido y es un gran privilegio que mi esposo sea también mi pastor, que cuando en medio de la congregación debo referirme a él puedo decir "nuestro pastor". El sentirme parte de la congregación, ser un miembro entre todos los demás, me ha permitido encontrar siempre en mi esposo el pastor que todos necesitamos y hacia quien siempre sentimos amor y gratitud.

Viene ahora el párrafo reflexivo; comienza mi autoanálisis al enfrentarme a mí misma con esta realidad de ser llamada "pastora". ¿Me molesta que me llamen así? ¡No! ¿Estoy ocupando el lugar que sólo le corresponde a mi esposo, "el pastor"? ¡No! ¿Este título que me han dado, ha traído o trae problemas a la iglesia? ¡No! ¿Es mi actitud o mi acción competitiva con la función específica de mi esposo "el pastor"? ¡No! ¿Me sentiría más cómoda si me llamaran de otra manera? ¡No!

¿Por qué no, no y no? Mi respuesta es tan firme como sincera: Creo y actúo convencida de que el ser pastor no es un título, sino un llamado, una misión, un ministerio y a este llamado, misión y ministerio he respondido con la misma actitud, con el mismo sentir de responsabilidad delante de Dios y del mundo que mi esposo "el pastor".

Al mirar el pasado y recordar, con el propósito de interpretar y, a la vez, compartir el ministerio pastoral, una y otra vez me veo unos pocos meses antes de cumplir doce años en un culto de domingo por la noche, sentada en medio de la congregación que me vio nacer y crecer: Primera Iglesia Evangélica Bautista, Montevideo 1453, Rosario, República Argentina. Es el momento en que hago pública mi decisión de aceptar a Jesús como mi Señor y Salvador. Había oído un llamado claro y desafiante, un llamado para salvación y servicio. Mi respuesta fue un compromiso completo y definitivo, una afirmación doble, simultáneamente dije sí al llamado para salvación y servicio. En el mismo momento en que fui salva comprometí mi vida a mi Salvador para dedicarla completamente a su servicio.

Sí, ahora participo en el ministerio con mi esposo porque desde ese día en que viví la experiencia que acabo de compartir, le pedí al Señor que uniera mi vida a la de ese hombre de Dios que él ya tenía elegido para mí. A esa persona que respondiera también sí a este mismo llamado, a esta misma misión, a este maravilloso ministerio que es el de ser pastor. Y así sucedió, una mujer que dijo sí al llamado de Dios y un hombre llamado por Dios que también le dijo sí, se conocen, se casan y son felices.

Así como termina el párrafo anterior, nos gusta y esperamos que terminen todas las historias, sean ficticias o reales, ¿verdad? Cuando así sucede, después de un hondo suspiro de satisfacción por las expectaciones logradas y los buenos deseos cumplidos, tratamos de recordar de esa historia sólo el final feliz. Dejamos en el olvido aquellas situaciones en que el dolor, la tristeza, la preocupación y aun la desesperación fueron los "ingredientes" que se mezclaban una y otra vez en problemas y más problemas con los que se armó la trama de esa historia que con su final nos hace sentir satisfechos y felices.

Quizá, hasta se podría decir que, "nosotros somos el pastor", y sin lugar a dudas será un buen título y un buen tema para usar como argumento para escribir una novela o un teleteatro. Al compartir bajo este mismo nombre un poco de la historia de mi propia vida, sobre la cual no se ha escrito aún el final, necesito reafirmar que así como han existido y existen algunos "ingredientes amargos", están también aquellos "endulzantes" que traen mucha alegría y satisfacción, como sólo se experimenta al estar dentro de la voluntad del Señor sirviéndole.

El hecho de ser pastores no es una tarjeta de presentación o una credencial que se usa en ciertas ocasiones. Para mí significó aceptar un estilo de vida distintivo, servir al Señor fielmente por llamado y vocación en todas y cada una de las áreas en las que, como mujer, me corresponde actuar: hogar, comunidad, iglesia. En el hogar, como toda mujer, es ser esposa y madre. En el barrio, ser vecina; esa vecina que es señalada y observada de manera diferente a las demás vecinas, la que vive en esa casa diferente y especial porque es la casa pastoral. Y en la iglesia la "pastora", la madre de los hijos del pastor y la esposa del pastor. . . todo a la vez y en una misma persona. Esta realidad puede parecer bastante compleja, ¿verdad?, ¡y lo es!

Algunas veces he escuchado que a las mujeres que actúan al lado de un siervo de Dios, que juntos hacen su obra, se las ha llamado "primeras damas", denominación que lleva implícito el reconocimiento de un lugar de privilegio, un sitial de honor, único y superior a cualquier otro. Tal título en realidad me disgusta y no quisiera que se me nombrara así, ni siquiera que se pensara en mí de esa manera.

He descubierto y acepto otra denominación que sí me representa porque me baja "dos grados" de ese sitial de privilegio. No me pone primera ni segunda, sino tercera. No es un nombre con el que pretendo que me llamen, es una actitud, es el mensaje que quiero que la gente, los que me llaman "pastora", puedan leer en mi propia manera de sentir, de actuar, de vivir. No es un título honorífico sino de ENTREGA, casi lo presentaría como una fórmula que en sólo tres letras describe las prioridades que he establecido en mi vida. Esa fórmula es la palabra DOY. Aplicarla significa: primero **D**ios, después **O**tros y en tercer lugar **Y**o. Esto resulta en mi ENTREGA incondicional al que me llamó y al ministerio que me encomendó.

No es mi intención escribir un sermón homiléticamente perfecto para compartir este DOY. No pretendo decirle al lector que debe adoptarlo como regla para su propia vida. Sí deseo tener la habilidad necesaria para dar a conocer cómo Dios "que aún no ha terminado conmigo" viene obrando en mí a través de los años para corregirme, enseñarme y usarme en su obra.

ENTREGA a Dios, tenerlo a Dios en primer lugar, es fijar y mantener mi mirada en él de tal manera que nuestra experiencia de compañerismo me guíe a confesarle "de oídas te había oído, mas ahora mis ojos te ven". Ver en él "que de tal manera amó. . . que dio. . ." e imitarle. Dios primero es reconocer que, porque "él no ha terminado conmigo", tengo que estar dispuesta a pagar el precio de que él me "enseñe cosas grandes y ocultas que aún no conozco". Dios primero puede ser una frase emotiva con un fuerte toque inspiracional que se acepta, se cree y hasta se predica de ella. Pero aplicarla, vivirla, hacerla propia requirió en mí un proceso divino. Así como yo lo necesitaba, Dios me trató. Me permitió vivir la experiencia del salmista cuando en el Salmo 42 expresa su urgente necesidad de un refrigerio espiritual. ¿Cómo llegué a esa sequedad? ¿Por qué llegué hasta oír decir "Dónde está tu Dios"? Fue durante esta crisis espiritual cuando aprendí que mi Dios es un Dios celoso, que demanda, requiere y exige ser el primero. El me habló mientras al buscarle escribía esta paráfrasis de Isaías 44:6: "Nelly, así te dice tu Dios, el que te salvó y te llamó: Yo soy el primero." No me presentó una opción, sino una orden de ocupar el lugar que le corresponde. Para dárselo necesité muchas cosas que poco a poco se habían infiltrado en mis actitudes y acciones ocupando ese primer lugar. No eran necesariamente cosas malas, sino aquellas veces en que le fallé a Dios porque al tener que escoger entre lo bueno, lo mejor y lo superior me quedé cómodamente con lo bueno, a veces con lo mejor, pero siempre había eludido pagar el precio de lo más excelente, lo superior, según sus celosas demandas.

Primero **D**ios, después **O**tros antes que **Y**o. ¿Quiénes son estos otros? Estos otros son todos los que no son YO sino ELLOS, mi esposo, mis hijos, familiares, vecinos, amigos, mis hermanos en Cristo. Mi ENTREGA a otros es imitar a Jesús en su ejemplo de servicio pues "el siervo no es más que su Señor". Es sentir como él sintió, es ver como él miró, es actuar como él actuó.

OTROS es un camino de "doble mano", por un lado yo ante el desafío de ver en ellos mi oportunidad de ENTREGA. Por el otro lado, ellos observándome y esperando algo de mí. Entre estos otros está mi esposo, ¿qué espera él de mí? Creo que él espera que siempre lo vea como el ministro de Dios que necesita mi amor, mi apoyo, mi fidelidad y el reconocimiento de que él también ha puesto a Dios en primer lugar, que luego vienen los otros y que entre esos *otros* estoy yo. Tal reconocimiento no siempre resulta fácil, pero es el precio que hay que pagar ya que "nosotros somos el pastor".

Mis hijos son parte de los otros a quienes les debo mi ENTREGA. Esto significó para mí hacerles sentir que después de Dios, mi hogar, nuestro hogar, es el lugar de mi ENTREGA, que entre todos los otros ellos están primero. Entregarme a mis hijos es haberlos entregado antes a Dios. Es mirar a Jorge, Alicia y Sandra y vivir la experiencia de 1 Samuel 1: 27, 28 al decir "Por estos hijos oraba, y Jehová me dio lo que pedí. Yo pues los dedico a Jehová; todos los días que vivan, serán de Jehová." No hay perfección en mi función de madre, mis hijos me conocen con todas mis capacidades y limitaciones, con mis triunfos y fracasos, con mis propias luchas y problemas. Muchas veces les he fallado, no hay éxito asegurado en mí misma, sino en el Dios a quien sirvo. Lo que hago es apoyarme en su promesa "Los hijos de tus siervos habitarán seguros, Y su descendencia será establecida delante de tí" Salmo 102:27, 28. ¿Qué esperan mis hijos de mí? Que sea capaz de aceptarlos tal como son, con sus cosas buenas y las no tan buenas, con sus travesuras, errores, virtudes, temores y todo lo demás que todos los hijos tienen, porque aunque sus padres son pastores ellos son ellos mismos, únicos como personas e igual que todos los otros. Que lo que yo sueñe y espere de cada uno de ellos, lo base en lo que son por su propia identidad y no porque son los hijos del pastor.

Entre los OTROS están los que me llaman "pastora". ¿Qué esperaron ellos de mí y qué les di para que me llamen así? ¿Qué necesitaron y cómo les respondí para que ellos me llamen así? ¿Qué hizo Dios a través de mí para que estos OTROS me llamen así? Entre los que a través de los años me hicieron sentir el privilegio de ser llamada "pastora" recordaré a algunos en sus propias situaciones y circunstancias.

Mi ENTREGA a Rubén. "Nelly, hoy no siento a Dios, ¿qué hago?" "No hagas nada, Rubén, deja que Dios haga algo en ti". Eran las 6 de la mañana. Rubén había pasado la noche en uno de los salones del edificio educacional estudiando. Trabajaba durante todo el día, iba a la escuela secundaria desde las 7 hasta las 12 de la noche, había venido a estudiar cerca de nosotros porque, según decía, "si voy a mi casa me duermo y no podré dar el examen mañana". Durante esa noche, entre sueño y sueño, me levanté varias veces a servirle galletas y café. Entró a la cocina de mi casa a las 5:45 para desayunar. A las 6 estábamos en el templo orando y a las 6:15 se fue. En el culto del siguiente domingo mi esposo predicó sobre el llamado de Dios a Moisés desde la zarza. Al terminar la reunión, Rubén entró al mismo salón del edificio educacional donde esa misma semana había estado toda una noche estudiando, y allí escribió en ese momento el himno *Señor, tú me llamas por mi nombre* (Himno 296, *Himnario Bautista).*

Sí, mi vida y la de Rubén se encontraron, él dejó una huella en mí y algo de mí quedó en él. Hoy muchos son bendecidos al cantar: "Señor, tú me llamas por mi nombre desde lejos".

Mi ENTREGA a Ester. "Pastora. . . ¡qué difícil soy! No sé qué hacer. . . bueno, la verdad es que no valgo nada." "Vales mucho, Ester; eres joven, bonita, capaz, profesora de piano, de inglés, periodista y además una muchacha cristiana ejemplar." "¿Le parece?" "No, no me parece, es así Ester y Dios tiene grandes cosas para tí." "Entonces ¿qué hago. . . acepto lo que me piden los jóvenes de la iglesia?" "Sí, Ester, tú puedes hacerlo y Dios quiere que lo hagas." Aquel domingo por la noche era la última reunión de la campaña de evangelización organizada por los jóvenes. Ester predicaba el mensaje de clausura, mensaje que ya habíamos vivido juntas mientras se preparaba. Al llegar el momento de la invitación la voz de Ester se oía segura, firme, desafiante al repetir una y otra vez: "Así nos dice el Señor. . . sígueme. . . sígueme." ¡Cuántos jóvenes siguieron fieles a Jesús desde aquella noche, entre ellos Ester y más segura que nunca.

Mi vida y la de Ester se encontraron, ella dejó su toque en mí y algo de mí está con ella.

Mi ENTREGA a Estela. Miro el reloj, son las 2 de la mañana. Levanto el teléfono: "Soy Estela, hermana. . . no doy más, no puedo dormir, estoy ansiosa, desesperada, siento temor y no puedo dejar de llorar." "La comprendo, Estela, ¡qué difícil es lo que está pasando! ¿Qué puedo hacer para ayudarla?" "Ya me está ayudando escuchándome, por favor hermana, ore conmigo." Oramos juntas por teléfono. "Estela, antes de decir amén déjame que te lea este versículo 'Pues que a su amado dará Dios el sueño' (Sal. 127:2). Ahora duerma Estela, usted es amada por Dios. Amén." Por varias noches se repitieron nuestros diálogos telefónicos. Algunas veces muy tarde en la noche, otras muy temprano en la madrugada, ¡hasta que Dios completó su obra en Estela!

Mi vida y la de Estela se encontraron. Las dos aprendimos a dormir tranquilas sintiéndonos amadas por Dios. Estela, hoy como diaconisa de la iglesia, ayuda a otros a dormir tranquilos. "Por la noche durará el lloro y a la mañana vendrá la alegría" Salmo 30:5.

Mi ENTREGA a Ramiro. Entra al templo siguiendo a su esposa. Es mucho más alto que ella, pero ella es "un gigante espiritual". La postura de Ramiro es arrogante, como queriendo decir "Vine para complacerla, pero a mí no me van a convencer." Lo vi y recordé a mi papá, él también había dicho durante 35 años lo que Ramiro estaba significando con su actitud de autosuficiencia. Pero el Señor doblegó a mi papá y él llegó a ser una nueva criatura en Cristo, un testigo fiel de su Salvador. Sentada en un banco del templo, en la fila siguiente a la que estaba sentado Ramiro, oré así: "Dios, tú que lo hiciste en mi padre, puedes hacerlo en este hombre. No sé mucho de él, es la primera vez que lo veo y tu Espíritu me dice que ore por él. Estoy obedeciéndote, Señor, intercedo por Ramiro, obra en él, mi

Dios." Así comenzó mi ENTREGA a Ramiro, con oración, luego un simpático saludo al terminar el culto y, durante la semana, oración intercediendo por él. Volvió varias veces a otros cultos. ¿Llegaría a cambiar este hombre que como Leví no era muy apreciado por muchos de sus compatriotas? ¿Qué dirían de él sus compañeros y subordinados en la Jefatura de Policía? ¿Podría llegar a actuar responsablemente y dar buen ejemplo como esposo y padre? Sí, Dios obró en Ramiro con todo su poder, "las cosas viejas pasaron y todas fueron hechas nuevas".

Mi vida y la de Ramiro se encontraron. El me sigue llamando "pastora", pero lo más importante es que él ahora puede decir "Jehová es mi pastor."

OTROS como Rubén, Ester, Estela y Ramiro reclaman mi ENTREGA. Ellos fueron la oportunidad que Dios me dio para mostrarles su poder, su compasión, su amor. Ellos respondieron al Dios a quien sirvo y hoy puedo decir junto con Pablo: "Doy gracias a mi Dios siempre que me acuerdo de vosotros. . . Porque Dios es testigo de cómo os amo a todos vosotros en el entrañable amor de Jesucristo" (Fil. 1:3 y 8).

Primero *D*ios, después *O*tros y en tercer lugar *Yo*: Doy la fórmula de mi ENTREGA al llamado que me hizo Dios para salvación y servicio. Yo, su sierva a la que llaman "pastora", una mujer que como aquella que vivió hace casi 20 siglos puede decir "Engrandece mi alma al Señor; Y mi espíritu se regocija en Dios mi Salvador" Lucas 1:46. Yo, una mujer que si tuviera oportunidad de vivir otra vida y de recibir otro llamado volvería a decirle sí a Dios, porque soy una mujer "enamorada del ministerio pastoral", soy feliz en mi llamado y vocación.

Yo, una mujer entregada por mi madre a Dios antes de nacer. ¡Gracias, Mami, por tu ejemplo de desprenderte de mí para que yo sea de Dios!

Yo, una mujer que se inspiró en la vida y servicio de otra "pastora" para aceptar y amar el ministerio pastoral. ¡Gracias Lida de Ureta por su ejemplo de "pastora"!

Yo, una mujer esposa de un pastor que me da la oportunidad de ser su compañera en el ministerio. ¡Gracias Ananías por ser como eres. . . gracias porque JUNTOS COMPARTIMOS EL PASTORADO!